世界史のなかの
天正遣欧使節

伊川健二

吉川弘文館

目次

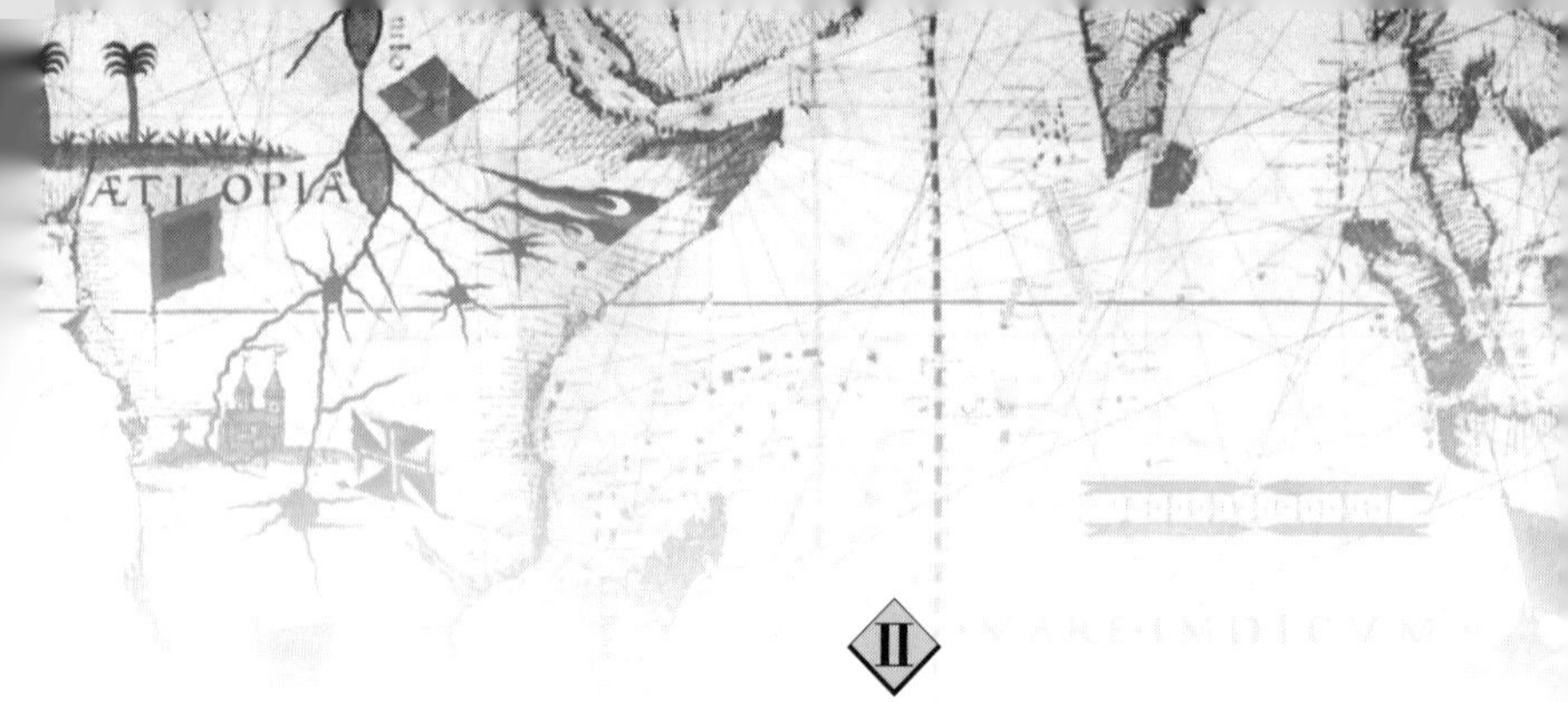

II　遣欧使節構想の誕生

III 天正遣欧使節の旅

IV 天正遣欧使節の知的遺産

凡　例

＊本文中には、関連事項をより深く知りたい読者の便宜のため、適宜参考文献情報（原則として邦訳）を付した。頻出する書名については、本文中に登場する場合、括弧中の場合にわけ、次のような略称を用い、その下に該当頁数をアラビア数字で示した。また、これらの文献の概要は「天正遣欧使節の基本史料」および「主要引用・参考文献」の項を参照。

・『グアルティエーリ』『グ』／グイド・グアルティエーリ『日本遣欧使者記』
・『サンデ』『サ』／アレッサンドロ・ヴァリニャーノ著、ドゥアルテ・デ・サンデ（ラテン語訳）『デ・サンデ天正遣欧使節記』
・『バルトリ』『バ』／ダニエルロ・バルトリ編『イエズス会史』
・『フロイス』『フ』／ルイス・フロイス『九州三侯遣欧使節行記』
・『新史料』『新』／結城了悟『新史料　天正少年使節』（南窓社、一九九〇年）
・『大日本史料』『大』①②／東京大学史料編纂所編『大日本史料』第一一編別巻之一～二（東京大学、一九五九～六一年）

古文書を収めた『大日本史料』を別にすれば、現地で見聞した人物により記録され、一般的には史料価値が高いとされる一次史料ではない。しかしながら、イタリアを除くほとんどの訪問地では、いまだ一次史料が確認されていないため、旅行記・年代記の二次史料を基本に行程をたどり、一次史料が現存する地点ではそれらを優先的に用いながら、彼らの足跡をたどっていく。

＊使節の呼称について
一般に天正遣欧使節という場合、伊東マンショ、千々石ミゲル、原マルチノ、中浦ジュリアンの四名を指すことが多い。以下では、彼ら四名を「使節」という。四名のなかでも、マンショとミゲルの二名は、それぞれ大友義鎮、有馬鎮貴および大村純忠の書簡を奉呈する大使とみなされているため、「大使」の語はこの二名にのみ用いる。また、四名のほか、ヴァリニャーノ、ディオゴ・デ・メスキータ、ヌーノ・ロドリゲス、さらには日本人随行者コンスタンティノ・ドウラード、アゴスティーニョ、ジョルジェ・ロヨラのほか、ゴアのサン・パウロ学院で養育された華人の少年たち（『フ』209-210）を含む場合には、「使節団」ということにする。華人の少年は拐かされてポルトガル人に売られたと、のちにフェリペ二世を前に告白している。

＊地名表記について
地名表記は史料に登場する表記を用いているが、現在の表記と著しく異なる場合は、現在の表記を括弧内に示した。地図の表記は現在のものを用いた。右に関わらず、カタカナ表記として定着しているものについては、優先的に用いた。

天正遣欧使節とはなにか　プロローグ

「ローマに来とるちゅうのは夢じゃなかろか」

松永伍一『天正の虹』（一九七八年）に登場する、伊東《いとう》マンショの気持ちを凝縮させたセリフである。一五八五年三月二三日、病欠による中浦《なかうら》ジュリアンを除く、伊東マンショ、千々石《ちぢわ》ミゲル、原《はら》マルチノおよびその随行者は、教皇庁の兵士や従者らの多くの人々に伴われ、無数の群集に見守られながら、ローマ教皇グレゴリオ一三世の待つサン・ピエトロ大聖堂へ向かっていた。ジュリアンはそれに先立って非公式に謁見している。彼ら三名の謁見は公開枢機卿《すうききょう》会議における公式の場であり、マンショとミゲルは「大使」の称号を許され、その様子や彼らの旅は七〇点以上の印刷物によって全ヨーロッパの語り草となった。まさに天正遣欧使節《てんしょうけんおうしせつ》往復行のクライマックスである。これから約三〇年ののちにローマを訪れた慶長《けいちょう》遣欧使節は、パウロ五世と非公式に謁見していることと比較するにつけ、破格の厚遇であったことがうかがえる。

他方、伊東マンショらの出自が教皇謁見に値する高貴なものではないとの指摘が提示され、彼らがローマへ持参した書簡は実際には名義人の大友義鎮《よししげ》（宗麟《そうりん》）らとは無関係に作成されたものとの告発が、彼らの滞在中に噴出する。ローマ駐在の各国大使たちのなかには、マンショらが彼らと同じ「大使」の称号で呼ばれることに困惑を隠さない者もいた。果ては、彼らの容貌を醜悪と評した記録が現存することとあわせてみた時、ヨーロッパが歓迎一辺倒であったとはみなし難い。

明暗いずれの方向であるにせよ、天正遣欧使節の来訪は、なぜこれほどまでにヨーロッパに衝撃を与えたのだろうか。彼らは帰国後に、豊臣秀吉とも謁見したことに思いを馳せるならば、同時代の日本に与えた衝撃も小さくはなかったであろうが、その後の禁教令への動きをふまえるならば、むしろ明治以降現在に至るまでわれわれを惹きつける話題でありつづけていることに、日本への影響は求められるべきであろう。それはなぜなのか。

天正遣欧使節を、ヨーロッパを訪れた最初の日本人とする説明があるが事実ではない。彼らに先立つこと約三〇年、一五五五年一月にローマの地を踏んだベルナルドという人物がいる。日本名は未詳だが、後述するとおり彼は日本人である。このほか、名も知れぬ日本人奴隷たちの存在を追加することもできるだろう。彼らと天正遣欧使節との違いは、第一に使節たちだけが貴族や聖職者たちに日本の習慣などを伝え、旅行記に彼らがみたヨーロッパを記した点に求められる。日欧双方の文化の情報交換は、使節の企画者たるアレッサンドロ・ヴァリニャーノの意図でもあった。相違点のもうひとつは、ベルナルドはローマ滞在ののちにコインブラで生涯を閉じているのに対し、使節は生きて帰国をし、その見聞や技術を故国へ持ち帰った点で画期的だった。彼らの歴史的意義は、ひとことでいうならば、「ヨーロッパで文化交流の記録を残して帰国したはじめての日本人」である。

それでは、「ヨーロッパで文化交流の記録を残して帰国した」ことは、はたしてどの程度に重要なことだったのだろうか。現代においては、文化の国際交流は決して特別なこととはいえないが、筆者は、天正遣欧使節が日欧双方に与えた衝撃の根幹が、まさにこの点にあると考えている。

ヨーロッパにおける日本情報の魁《さきがけ》は、マルコ・ポーロの論述になるとされる『東方見聞録（*Il Milione*）』である。この書の情報がどのような過程を経て蓄積されたのかについては、いくつかの可能性が議論されているが、少なくとも日本を直接取材したものではない。それが、大航海時代における地理学・地図学の発展により少しずつ具体性を増し、一五四〇年代にようやく日欧が航路で直接結びつく。その航路に乗って、イエズス会宣教師たちが来日した。彼らは二〇万人とも三〇万人ともいわれる信者を獲得する成果を収める。公開枢機卿会議におけるガスパル・ゴンサルヴェスの演説が明言しているように、使節のローマ訪問は、一五四〇年代のポルトガル人日本到達やイエズス会布教成果の賜物であることがしばしば強調されるとともに、『イザヤ書』第五五章第五節「見よ、あなたは知らない国民を招く、あなたを知らない国民は　あなたのもとに走ってくる（日本聖書協会一九五五年改訳より。改行は省略）」が実現した出来事と解釈される。

他方の日本側からは、この使節行をどのような脈絡に絡めとることができるだろうか。マルコ・ポーロの時代は、日本史でいえば鎌倉時代にあたる。この頃の日本には、直接交流のあった中国・朝鮮半島・琉球のほかに、『大唐西域記《だいとうさいいきき》』に基づくシルクロードの知識、「波斯文文書《はしぶんもんじょ》」といわれるペルシャ語詩文が流入するなど西方の知識もないではない。とはいえ、この時期の日本にヨーロッパ情報は存在しない。室町時代になると、時には直接、時には琉球や倭寇などを介して東南アジアと航路がつながる。アンジロウはそうしたルートに乗ってマラッカへ到り、フランシスコ・ザビエルと出会い、イエズス会日本開教の契機をつくる。イエズス会の教育機関として、コレジオとセミナリオが設立される。有馬のセミナリオは一五八〇年四～六月頃に建設がはじまり、その詳細は神学校内規で規定され（松田一九七三年）、ラテン語と音楽を中心とした教育が施された。夜の祈禱と土曜日の討論を通じて、マンショらは教義の理解を深め、信仰心を温めていたに違いない。

天正遣欧使節を、天正一〇年正月二八日（一五八二年二月二〇日）の長崎出港に起点をおくのではなく、右にみてきたように数百年以前にさかのぼる、日欧双方における情報蓄積の行きついた先の出来事とみなすのが、本書の視覚である。ヨーロッパ側からみれば、数十年前まで実在すら疑問視された国からの使節、それ以前に多くのヨーロッパ人がこれまで目にする機会がなかった日本人という存在を目の当たりにした事件でもあった。

日本側への影響は、右の事情により、日欧が結ばれたこと以上に、それまで日本が手にしたことのない、インドを越えて、さらにはシルクロード、ペルシャ以西の情報が流入したことに起因しているのではなかろうか。むろん、先述のとおり、彼らはヨーロッパを訪れた最初の日本人ではないし、遠さでいえば、ほぼ同時期に中南米へ渡った日本人の存在が知られている。しかし、彼らは生きて帰国し、その見聞を伝えることはなかった。とりわけ、それまでの日本の世界観では最果ての地である天《てん》竺《じく》を越えた地域との交渉だったことに大きな意味があるのではないかと考えている。その見聞や技術は、同時代にも一定の衝撃を与えてはいたが、日本への影響は、江戸時代の禁教体制を終え、明治以降現在に至るまで多くの人々が惹きつけられてやまない点にこそ求められるべきであろう。

研究対象としての天正遣欧使節は、膨大かつ多様な情報の集合体と位置づけられる。本書においてその一端をおみせすることになるのだが、その巨大な情報群を、八年間の往復行もしくはその周辺事情の集積のみから理解するのではなく、数百年来の日欧における情報蓄積の歴史に浮かぶ浮島《うきしま》と解釈し、日欧が知的に結びつく過程の長大な歴史から説き起こし、イエズス会日本開教以来の遣欧使節計画、天正遣欧使節の旅程、そして最後に彼らが残した知的遺産を概観することを本書の目的とする。

I
知られざる日本、知られざるヨーロッパ

画：寺崎武男・連作キリシタン文化史的絵画一天正少年使節伝－ザビエルの布教
（青山学院資料センター蔵）

西方がみた日本、日本がみた西方

最古の日本情報

天正遣欧使節計画の前提には、それを可能たらしめた日欧関係の成立があり、日欧関係の成立の背景には、双方をそこへ導いた相互認識と航路の確立がある。宇宙の構造をビッグバンから説き起こすように、天正遣欧使節を「ヨーロッパで文化交流の記録を残して帰国したはじめての日本人」と位置づけて、その重要性や彼らが送受信した情報の内容を的確に理解するために、本章では日欧に相互認識が生じる前から、認識を深化させ、関係を築くまでを概観する。

文献に残る最古の日本情報として、多くの方々が想起するのは『漢書《かんじょ》』地理志ではないだろうか。「それ楽浪《らくろう》海中に倭人あり。分れて百余国となる。歳時をもって来り献見すという」の文言は、諳《そら》んじることができる人も少なくあるまい。「楽浪」郡は現在のピョンヤン近郊であることが考古学の成果により判明しており、そこからさらなる海の彼方に「倭人《わじん》」がいたことを、中国の公式歴史書は伝えている。

近年の研究は、『漢書』より古く、西暦でいう紀元前二〇八～六年に成立した、『山海経《せんがいきょう》』巻一二海内北経に「倭」が登場することを明らかにした。「蓋国《がいこく》は鉅燕《きょえん》の南、倭の北にあり。倭は燕に属す」と記されている。この書における「倭」を日本列島およびその周辺地域、もしくはそこに住む人びとと断定する確証はない。北京周辺を統治したとされる燕《えん》王国との位置関係などから日本列島とみなしうるとする説があるに過ぎない。天正遣欧使節の本編を『山海経』『漢書』から説き起こした書物は、世界でも本書がはじめてであろうと自負するが、日本列島とその住人たちが、外部世界に認識された歴史がここにはじまる。中国では遅くとも後漢の時代にはローマ皇帝マルクス・アウレリウス・アントニヌスの使者を受け入れたとされているが、この頃の日本がヨーロッパに認識されていた痕跡はない。

非漢字文化圏との相互認識

非漢字文化圏の日本情報の起源は、漢字文化圏よりもはるかに新しい。ヨーロッパ最古の事例は著名なマルコ・ポーロ『東方見聞録』だが、それを遡《さかのぼ》る時期のイスラム文献に、すでに日本と思しき地名が散見することは、あまりしられていない。一〇七七年成立とみられるマフムード・カーシュガリーによる『テュルク語集成（*Compendium of the Languages of the Turks*）』のなかには、日本を意味するとおもわれる「ジャーバルカー（Jabarka）」という言葉が登場する。また、一二世紀のイドリーシーによる世界地図では「ワークワーク」なる地名が書かれており、それを「倭国」と解する見方がある。ワークワークは、一〇世紀頃の成立とみられるブズルク・ブン・シャフリヤール『インドの驚異譚』

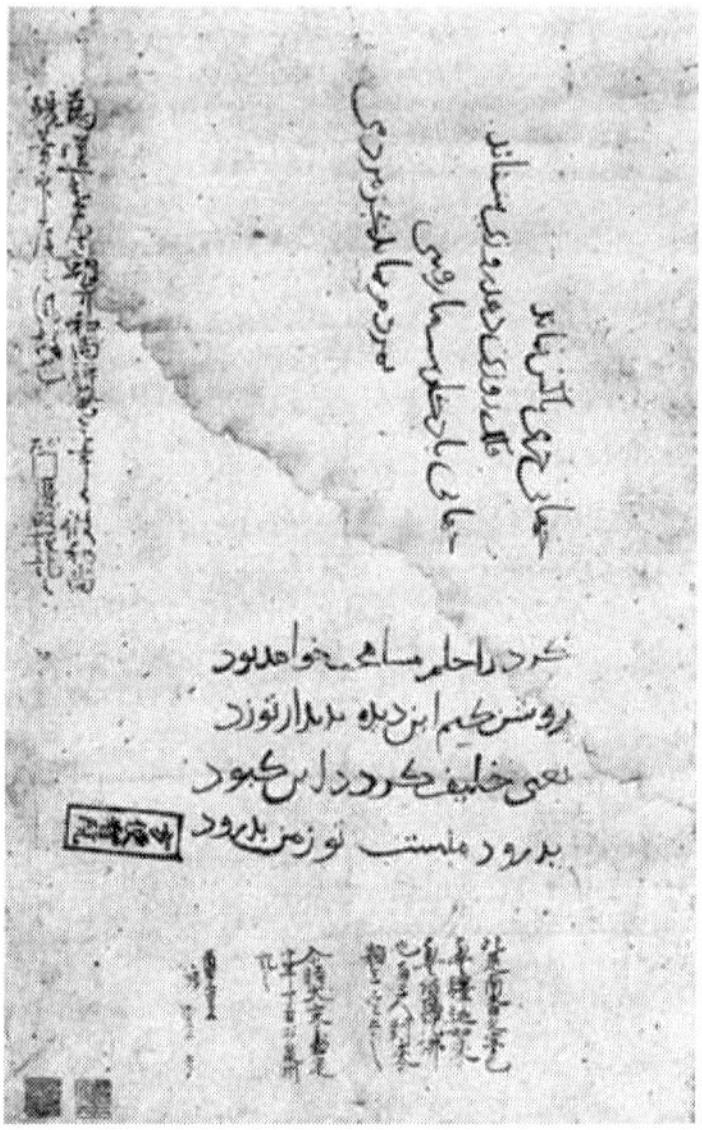

図１　波斯文文書（荻野三七彦「『波斯文』文書と勝月坊慶政」、『古文書研究』21、1983年6月、口絵）

（家島訳 二〇一一年）にも登場するが、マダガスカルとする説もあり、必ずしも見解の一致をみていない。もし、これらの語を日本に比定しうるならば、中国よりも西方へ日本の存在が伝わっていたことになる。

一方、鎌倉時代の日本には、ペルシア語で書かれた古文書が伝えられた。「波斯文文書」といわれているのがそれで、紅葉の名所として著名な京都洛北の高山寺《こうざんじ》が蔵する。この文書は古くは羽田亨氏により紹介され、荻野三七彦氏により基本的な情報が整理される。一枚の紙に、ペルシア語が二ヶ所書かれている。それぞれ、世界の不滅と人生の無常、また忍耐と出会いの大切さを述べた送別の詩である。後者は、イラン最大の民族詩人フェルドウスィーが一〇一〇年に完成させた『シャー・ナーメ』エブネ・スィーナー版第三巻一四九九頁、ゴシュタースプ王治世三九二三行目の一節であることが突き止められている（黒柳 一九八七年）。

このペルシア詩が、どのような経緯で高山寺へ収められたかについても、古文書は語っている。宋の嘉定一〇年（一二一七）に泉州で記されたとする漢文の注記は、これらの詩が「南蛮《なんばん》文字」であり、

「南無《なむ》釈迦《しやか》如来《によらい》、南無阿弥陀仏《なむあみだぶつ》」を意味すると説明する。宋渡航中の船中で依頼して書いてもらったのだという。高山寺の開山である明恵《みようえ》がインドの文化を好んでいたため、彼へ贈るために書いてもらったのだ。

注記の筆者は慶政《けいせい》である。彼は九条良経の子であり、のちに『閑居友《かんきよのとも》』などを著し、明恵とは行慈《ぎようじ》を師とする同門の関係にあたる。注記に登場する泉州は、『東方見聞録』における「ザイト（Zaito）」である。慶政が『シャー・ナーメ』の一節を「南無釈迦如来」などととらえ、インドの文化と認識している点は、彼の対外理解の限界を示していて興味深い。日本におけるペルシア（波斯）情報は、決して「波斯文文書」が初見ではなく、正倉院御物の美術品のほか、寛平三年（八九一）成立の『日本国見在書目録』のなかに「波斯国字様一巻」が含まれていたことが知られている。

鎌倉時代には、「波斯文文書」のほかにも、『華厳宗祖師絵伝《けごんしゆうそしえでん》』『吉備大臣《きびだいじん》（真備）入唐絵巻《につとうえまき》』『鑑真《がんじん》和上東征絵巻《わじようとうせいえまき》』『弘法大師《こうぼうだいし》（空海）行状絵巻《ぎようじようえまき》』などの異国を描いた絵巻物が登場する。とりわけ注目されるのは『玄奘三蔵絵《げんじようさんぞうえ》』で、『大唐西域記』に基づき玄奘の伝記を図像化したものである。『大唐西域記』はこれ以前にも日本へ伝わっているものの、絵師が現地を訪れたことがあるはずもない、中国以西のシルクロードからインドを描いていることは、波斯文文書に近い時期の西方への関心として特筆に値しよう。すなわち、この時代には、日本の存在は中国よりも西方まで知られるようになった可能性が出てくる一方、日本の対外認識も、より西方に及んだことがわかる。しかしながら、日欧は認識のレベルですら、まだつながってはいない。

『東方見聞録』の日本情報

こうした流れに画期的な変化をもたらしたのが『東方見聞録』である。『東方見聞録』の名は、その話者マルコ・ポーロの名とともに周知に属する。より正確には、ポーロの話を、ルスティケッロ・ダ・ピーサが筆録したとされる。ポーロが実在したか、実在したとして中国を本当に訪れたのかなどの点にはさまざまな見方がある。たとえば、ヴェネツィアに一二八〇年付の遺書などが現存するため、実在したとする考えがあるかと思えば、彼は揚州を統治したとされるものの、中国史料の裏付けができない点を疑問視する説もある。本書の関心からは遅くとも一四世紀のヨーロッパで成立した、この書物にみえる日本のイメージを抽出することで事足りるため、右の諸点には踏み込まない。

『東方見聞録』ほかの伝えるところでは、ポーロは一二七〇年にヴェネツィアを出発し、エルサレムやペルシア湾、中央アジアを経由して元代の中国に至る。帰路はマレー半島を回航し、インドを経て、ホルムズから陸路に入り、黒海を経て、一二九五年にヴェネツィアへ戻ったとされる。ほどなく獄中でルスティケッロ・ダ・ピーサに自らの旅を語り、ダ・ピーサはそれを筆記したとされるが、祖本は現存が知られていず、現存の写本はすべて一四世紀以降のものである。

「黄金の国ジパング」という表現はあまりにも有名であるが、「ジパング」の表記は写本や箇所によって一定していない。ここでは「ジパグ（Zipagu）」とよぶことにする。ジパグは大陸から一五〇〇マイル（一マイル＝一六〇九メートル）離れた大洋中にある大きな島であり、近海には七四四八の島々があり、それらのほとんどには人が住んでいる。泉州や杭州（Quisai）から商船が出ているが、風向きや、「チン海（Mare de'

Cin)」が大洋であるために、渡航は困難である。泉州は、前項「波斯文文書」の慶政が渡航した一事をもってしても、日本との往来があったことがわかる。杭州は明州（現在の寧波《ニンポー》）とともに日本との関わりの深い町である。このように、中国沿海部とジパグとの関係を、一定の具体性とともに語る一方で、大陸から訪れたものはないとも記す。この時期は、モンゴル襲来がある一方で、「渡来僧の世紀」ともいわれ、現代の学界では僧や商人の往来が盛んな時期とみなされている。

ジパグには、国中のいたるところで黄金がみつかる。人びとは誰でも莫大な黄金をもっていて、しかもそれが国外へ持ち出されたことはない。また、国王の宮殿は屋根から床へいたるまですべて黄金で作られていると、その詳細を報じる。これは、中尊寺金色堂を表わしているとする見方がある。

図2　元代の中国

マルコ・ポーロが元代の中国に滞在したとされる一二七四～九〇年は、日本史では文永・弘安の役、モンゴル襲来などといわれる戦争の時期でもある。『東方見聞録』に登場するのは、このうち弘安の役だと思われ、次のように語られている。アバカンと

図３　東方見聞録（月村辰雄ほか訳『全訳　マルコ・ポーロ東方見聞録『驚異の書』fr.2810 写本』岩波書店、2002年、150〜1頁）

ヴォンサニチンに率いられた泉州や杭州からの軍団は、日本へ上陸したものの、都市の攻略に手間取っているうちに暴風にあい、沖合いに退避した。それは、艦隊を壊滅させる結果となり、三万人の兵卒を残して退却する。残された兵卒は、一計を案じてジパグの首都を攻略、占領してしまう。そして、七ヶ月におよぶ厳重な包囲戦ののち、ついにジパグの軍門に降る。それは西暦一二六九年の出来事であった。現代の歴史認識では弘安の役は、一二八一年に朝鮮半島からの東路軍のほか、中国南部からの江南軍が日本攻略に赴いたことが知られているが、その出港地は慶元（現在の寧波）である。また、都を占領したとされる三万人の残留兵の存在およびその年次など、事実とはみなしがたい内容を含みつつも、現実に起こったモンゴル襲来の出来事を下敷きにしている点は興味深い。

　ジパグの人びとは、肌の色が白く、礼節正しく、独立国で王を頂く。偶像教徒で、火葬と土葬を併用する。偶像は、牛・豚など動物の頭をしていて、そうした偶像を作るのは、先祖から伝えられてきたからである。その生活は荒唐無稽と悪魔の術との連続であると付け加えられ、人肉食の話題がそれに続く。人肉食の慣習がどのような情報に基づいているのかは、にわかには断言できないとしても、『漂到琉球国記《ひょうとうりゅうきゅうこくき》』や『海東諸国紀《かいとうしょこくき》』が琉球の人肉食を語っていることと符合する。前者は寛元元年（一二四三）九月八日に五島列島の小値嘉を出発した一行が福州へ至る過程を、慶政が絵を交えてつづった記録であり、後者は成宗二年（一四七一）に朝鮮の申叔舟《シンスクチュ》が撰進した、日本と琉球の総合研究書である。とりわけ前者のような情報が福建へもたらされ、『東方見聞録』の情報源になった可能性は想定してよいのではなかろうか。産物については、先述の黄金のほか、真珠などの宝石、沈香にもおとらない香りの香木、白黒胡椒を列挙する。

イタリア諸方言、もしくはフランス語で記された『東方見聞録』が、ポルトガル語へ翻訳され、他の二冊と合冊され、一五〇二年にリスボンで刊行される。刊行者はモラビア生まれのヴァレンティン・フェルナンデスで、現在はポルトガル国立図書館（Biblioteca Nacional de Portugal）が所蔵する。この経緯については岸野久氏が紹介している。同氏によれば、これがポルトガルへ『東方見聞録』が招来された最初ではなく、一四二八年に国王ジョアン一世の第四子ペドロが、ヴェネツィアを訪れた際の土産物として持ち帰っている。『東方見聞録』がポルトガルへ紹介されたことの意義は大きく、以後アジアにおける伝説のキリスト教国プレストレ・ジョアン（Prestre João）を探索するために、陸路・海路に探検家が派遣された。

具体化するヨーロッパにおけるインド・琉球・日本

イタリアの地図に現れた「ジパグ」

日本到達以前のヨーロッパにおける日本情報は、なにも『東方見聞録』ばかりではない。その多くは地図情報であり、時として文章を含む。「ジパグ」が、ここでは幾通りにも表現されている点も興味深い。

近年、一部の注目を集めている地図のひとつに、フラ・マウロの地図がある。一四五九年の成立といわれ、現在ヴェネツィアのマルチャーナ国立図書館が所蔵する、一辺二二三チセンの大きな世界地図である。左の端、ジャヴァ（Giava）島や広東《カントン》王国（Regno de canton）の付近に「チンパグの島（Ixola de cimpagu）」と書かれた、ほぼ四角形をした島の存在が確認できる。島には、ひとつの城郭状の建築物と、ひとつの岩、そして数本の木々が描かれている。広東のほぼ真左にあたる位置に描かれていることから、ほぼ同緯度とイメージされていたのであろう。

一五〇六年成立とされるジョヴァンニ・マッテオ・コンタリーニおよびフランチェスコ・ロッセッリによる世界図の北緯一〇〜三〇度の間に、「ジパグ（ZIPAGU）」または「ジンパング（Zinpangu）」と書かれた縦に細長い島が登場する。島には城郭状の建築物といくつかの山が描かれている。この島は、地図のなかで「ジマ（Zima）」と呼ばれているとする説があるが、筆者においては確認していない。もし事実であれば、日本語の「島」に由来する言葉が伝わっていた可能性を想定できる。この地図にはラテン語文が書き込まれており、その内容は「この島はマンジ（Mangi）の海岸から一五〇〇マイル隔たっている。黄金が豊富であるが、たやすく持ち出すことは許されていない。（住民は）偶像崇拝者である」である。『東方見聞録』の抜粋である。同書のポルトガル語訳が一五〇二年刊行であることとあわせて考えても、当初は必ずしも信頼が置かれていなかった『東方見聞録』の内容に対する認識が、この時期に変化しつつあることをうかがわせる。

図4　フラ・マウロ世界図（1459）の「チンパグ」（マルチャーナ国立図書館蔵）

　一五二四年のピエトロ・コッポの地図では、「ジンプラギス（Zimpragis）」は、新世界（Mundus Novus）から太平洋（Oceanus Occidentalis）を隔てた先の島々の中に描かれている。島の形は先述のコンタリーニらの地図と類似するが、島々の中に描かれている点が異なる。これは先行研究においても指摘されているとおり、

『東方見聞録』が、ジパグの近海に七四四八の島々があると述べていることをふまえた描写であろう。同時に、後述するポルトガルの地図学が影響した可能性も考えられる。

一五二八年にヴェネツィアで出版されたベネデット・ボルドーネの『ベネデット・ボルドーネの書（*Libro di Benedetto Bordone, Nel qual si ragiona de tutte l'Isole del mondo con li lor nomi antichi & moderni, historie, favole, & modi del loro vivere, & in qualo parte del mare stanno, & in qual parallelo & climagiacciono*)』は、通称『島々の記（*Isolario*）』とよばれている。ダニエラ・デ・パルマ氏によれば、この書に由来する島々の記事は、ルネッサンス期の新知見によって改良が重ねられた。

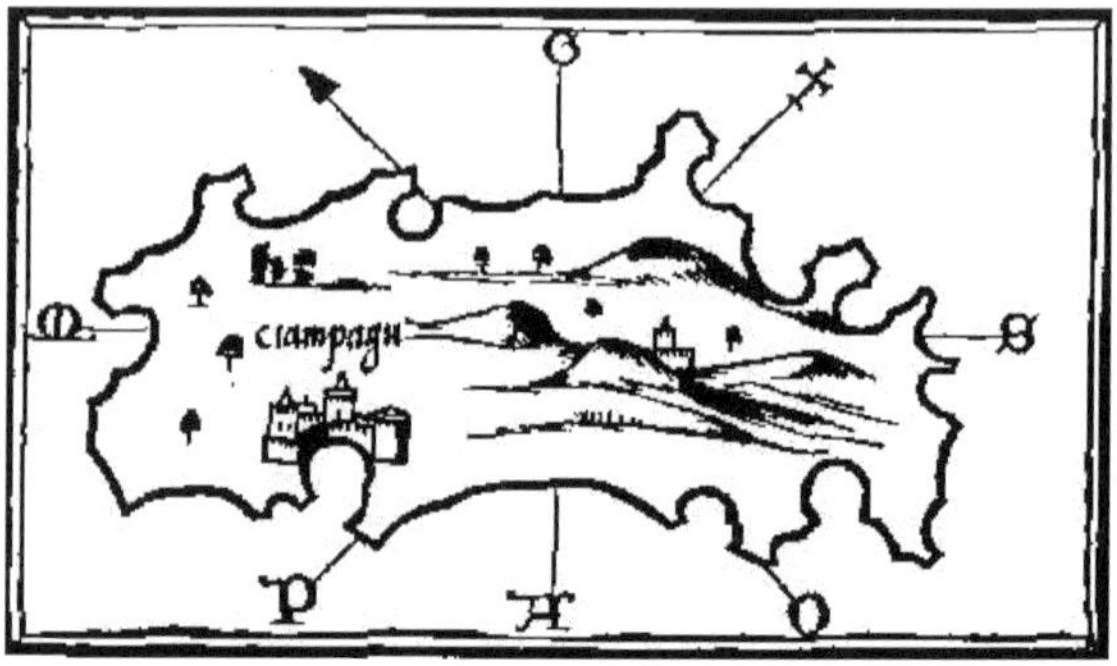

図５　ベネデット・ボルドーネ『島々の記』（1528）の「チャンパグ」

日本との関係でこの地図が画期的なのは、この書の第三巻（ただし葉番号等は第一巻から連続している）一一八葉表の図が「チャンパグ（ciampagu）」と題され、ひとつの画面の中に日本のみを描いた図としては、ヨーロッパ最古の事例である点に求められる。島の形は、横に長く七つ程の入江状の湾曲部が描かれ、左下の湾に隣接して都とみられる城塞状の建物がある。島にはこのほかに一〇本程度の木と四つの山、それらの山々に囲まれた場所に要塞の塔のようなものが書き込まれている。それらの方位も明示されている。フラ・マウロ以来の日本は、縦長が基本であったが、ここでは横長に描かれる。

ボルドーネの書には、詳細な注釈が付されている。ヨーロッパ人の日本初来以前の出版として、基本的には『東方見聞録』によったとみられるが、異なる点もある。「チャンパグ」のほかに「チンパグ（cimpagu）」という表現もみられる。「チンパグ」はカタジョ（catagio）州の対岸にあり、距離は一〇二六マイルである。カタジョは、『東方見聞録』にいう「カッタイ（Cattai）」、すなわち北中国のことであろう。『東方見聞録』によれば、南中国を意味する「マンジ」から一五〇〇マイルとある点とは異なる。また、偶像を崇拝しており、その形はオオカミや豚・羊の頭をしたものや、ひとつの頭に四つの顔をもつものがあるなどと説明される。牛とオオカミが異なる点を除けば、『東方見聞録』とおおよそ一致する。宮殿が黄金で包まれたとするなど裕福な国と伝えられている点も類似する。

膨張する最果てのインド

ヨーロッパでは日本が認識されはじめた一四世紀から一六世紀前半、日欧双方にとってインドの位置は重要であった。この点は天正遣欧使節の関係情報を読み解く上でも看過できない。大胆ないい方をするならば、日欧双方からみてインドは知的な意味での最果《さいは》ての地域であった。「知的に」というからには、他方で実際の最果てを想定しており、双方にとってそれはインドではない。このころまでにインドを訪れた日本人として、九世紀の初頭に中天竺を訪れたとされる金剛三昧と呼ばれる倭国僧の存在が伝えられるが、詳らかではない。逆にポルトガルの交易路はインドを超えてマラッカなどへ達していた。「知的」な最果ての意味をもう少し具体的に考えてみよう。

当時の日本の世界観は、よく知られているように、仏教の三国観である。三国観の起源は古く、弘仁一〇年（八一九）に成立した最澄の『内証仏法相承血脈譜《ないしょうぶっぽうそうしょうけちみゃくふ》』だといわれている（前田 二〇〇八年）。三国とは、天竺《てんじく》・震旦《しんたん》・本朝《ほんちょう》で、天台宗がインドに発し、中国を経て、日本へ伝来した筋道を明確にする意図であったのだそうだ。すなわち、天竺をインド、震旦を中国、本朝を日本と理解するのが通常で、おおよそはそれで大過ないのだが、こういう事例もある。

高山寺の開祖明恵は『大唐天竺里程書《だいとうてんじくりていしょ》』を記している。長安からナーランダー僧院などを擁する仏教の聖地摩訶陀（マガダ）国王舎城まで、一日八里を進めば千日で到達することを計算した古文書である。この文書の別名は『印度行程記』であり、天竺と印度が同義と認識されていたことがわかる。ところが彼の友人慶政は、明恵が「印度之風」を好むことを知り、一枚の文書を渡宋土産に持ち帰った。先述の「波斯文文書」である。慶政は、この文書にインドを感じていたのであり、つまるところ「印度」と「波斯（ペルシャ）」の区別を認識していない。このように天竺もしくは印度を、現代語のインドだけではなく、他の地域を含めて曖昧に認識する現象を、ここでは「天竺／印度概念の膨張」とよぶことにする。

日本における天竺／印度概念の膨張は、ほかにも例がある。のちに、ポルトガル人たちとともに、アフリカ大陸東岸からカフレ人が来日する。彼らの容貌が仏像の顔にたとえられることから、彼らもまた仏教発祥の天竺の人びとだと誤解されていた可能性がある。また、日明貿易にも従事した楠葉西忍《くすばさいにん》の父は、一五世紀前半前後に京都や奈良に住み、「天竺人」といわれているが、東南アジアのムスリムに比定する説もある。こうした天竺／印度概念の膨張の原因を、天竺／印度が当時の日本の知識体系が認識しうる世界の最果ての地域であったがゆえの曖昧さに求めることができるとするならば、それと対応するヨーロッパの要素をみつけだすことは容易である。

クリストフォロ・コロンボが大西洋の先にインドの存在を予想して、陸地にたどりついたことから、その周辺をヨーロッパ語、とりわけスペイン語では西インドもしくは単にインドと呼ぶようになった。現在の南北アメリカ大陸および周辺地域である。西インドがあるならば、東インドもある。ポルトガル語では「インディア」という場合、通常は東インドを意味する。これは、西はエチオピアから東は日本へ至る広大な地域を意味する地域呼称であり、その中心は、一五三〇年以降はゴア（現在都市名としてはパナジもしくはパンジムと呼ばれているが、本書では理解の便宜を重視し、以下ゴアを用いる）に置かれた。カトリック教団の地域割りにしても、日本は当初インドの一部として認識され、日本司教区が置かれるのは一五八七年、イエズス会日本準管区も一五八一年に至ってようやく登場する。ひと口に「インド（インディア）」といっても、現在のインドを意味することもあれば、右のように東西インドと解釈しなくては理解できない情報が、天正遣欧使節関係史料にもしばしば登場する。

東インドはさらにガンジス川を境に、東を外インド、西を内インド（Indiae citerioris）と分けられる（『サ』32）。インドをガンジス川で区分する発想は、コロンボの航海にも影響を与えたとされる地図学者パオロ・ダル・ポッツォ・トスカネッリが「ガンジス川から先のインディア（India ultra Gangem）」なる概念を用いていたことからも、イタリアではすでに長く用いられた区分であることをうかがわせる（根占二〇一七年）。ヨーロッパの地図学のなかでは、世界をヨーロッパ・アフリカ・アジアに三分割する世界観の影響力は強く、そのなかでもっとも不明確だったアジアに関して、概念が膨張を遂げたのだとすれば、それはまさに天竺／印度概念の膨張の一例といえ、日本における「天竺」の用法との類似を見出すことができる。インドを日欧双方にとって知的な最果てと位置づけた理由がここにある。すなわち、探検家・宗教家や軍人がその地を実見したか否かではなく、本国に留まる多くの人びとの知識体系のなかで、世界の果てがどの地域であったかに思いを巡らせた時、日欧双方の共通項としてインドが浮上してくる。そして、インドが本来意味する以外の多くの地名を含めて、インドと認識されている点も、日欧双方に共通する。これらの点はあとで再論するが、ここでは共通点の指摘にとどめよう。

ゴーレス

「ゴーレス」という地域呼称にも一言を要する。近年では琉球を意味する言葉と解釈されているが、古来は日本や高麗を意味するとみる説もあった。これらの諸説や関係史料については、中島楽章「ゴーレス再考」（二〇一三年）が整理をしている。「ゴーレス」は、一五世紀後半のインド洋で活動した航海者アフマド・イブン・マージドの記録のなかに登場する。彼が一四六二年以降に著した『海洋学精選』

には、ジートゥーン（Zītūn）や都であるカンバーリク（Kanbālīk）がある地域から南へいくとアル・グール（al-Ghūr）があるとされている。「ジートゥーン」は、『東方見聞録』にいう「ザイト」で、福建の泉州だと考えられる。「カンバーリク」は、同じ地域の都で北京とみなされる。つまるところ、ゴーレスの語源たる「アル・グール」は、中国の南にあると考えられていたことになる。

マージドが一四八八〜九〇年頃に執筆したといわれる『航海学の基礎に関する有益情報』には、アル・グールに関する追加情報が盛り込まれている。アル・グールはアル・グーリー鉄の産地であり、その鉄からはあらゆる鉄を断つほどの切れ味をもつ剣ができ、ジャワの言葉でそれはリキーウー（likīwū）と呼ばれている。「リキーウー」はここでは剣を意味すると解釈されているが、アル・グールと琉球の結びつきを強く連想させる。彼らは中国と戦っているとも伝えられる。マージドにつづき、一六世紀前半の代表的航海書作家であるスライマーン・アル・マフリーの『海の知識に関する優良なる指針』では、中国の東南にあるファリュークまたはフィリュークの島々のなかに、リキューの島（Jazīrat Likiyū）があり、これは一般にアル・グールとよばれていると記されており、ここでもアル・グールと琉球が結び付けて説明される。

ポルトガル史料では、後述の『東方諸国記』のほか、ルイ・デ・アラウージョからアフォンソ・デ・アルブケルケ宛、一五一〇年二月六日付書簡（ジョアン・デ・バロス 一九八一年）が「ゴーレス」に言及している。ここでは、剣・弓などの武器の供給源としてゴーレスの存在が指摘されているほか、交易を具体的に紹介している。ゴーレスは、一月から四月までマラッカへ滞在し、緞子《どんす》・麝香《じやこう》・銅・小麦・

砂金などを持参し、胡椒や丁子《ちょうじ》（香料の一種）を持ち帰る。マラッカまでの行程は四〇日を要する。中島氏はほかにも多くの史料を紹介しているが、これくらいにとどめよう。日本に比較的近い琉球の情報がアラビア語圏からさらにはポルトガルへ流入していることは、本書の文脈からも注目に値する。

トメ・ピレス『東方諸国記』

マルコ・ポーロ以降、日欧直接接触以前で、もっとも注目すべき文献情報は『東方諸国記（*Suma Oriental*）』である。筆者トメ・ピレスはもともとポルトガルの王子アフォンソ付きの薬剤師であったが、一五一一年インド在任の商務員に任じられ、翌年に攻略直後のマラッカへ着任した。一五一七年八月一五日には、中国へのポルトガル大使として広州湾の屯門へ到着した。その後広州への入港を許されたものの、北京への上京許可はしばらく出ず、一五二〇年一月にようやく広州を発した。北京では、国交交渉に失敗するばかりか、皇帝謁見もかなわず、一五二一年九月二二日に広州へ戻った。ピレスのその後の消息は詳《つまび》らかではないが、一五二四年までは確実に生存していたとされる。『東方諸国記』の執筆時期は、マラッカ到着からまもない期間であろうと推定される。

『東方諸国記』には、「レケオ（Lequeo）」、「ジャンポン（Jampon）」として、琉球および日本の情報がみえる。後者の情報は限定的で、かつ『東方見聞録』と重複する内容がある一方、琉球情報ははじめてヨーロッパへ紹介されたもので、内容も豊富である。レケオ人はゴーレス（Guores）とよばれている、という一文にはじまる。琉球人は黄金・銅・武器・寄木細工・扇・小麦などをマラッカへ持参し、華人と同様の品（胡椒・丁子などの香辛料、象牙・香木など）を買って帰る。琉球とマラッカとの関係は、琉球の外交文書集である『歴代宝案《れきだいほうあん》』にみえるが、一五一一年のアフォンソ・デ・アルブケルケによるマラッカ攻略以降、直接の関係は断絶する。

琉球は、マラッカ以外に、中国・日本と関係があったと伝える。琉球の国王は中国の国王（皇帝）の臣下であり、朝貢している。ジャンク船は中国から購入し、広東に近いフォケン（福建）を交易港とする。琉球人は日本では黄金と銅を購入し、自国の商品を売る、すなわち、琉球人がマラッカで売却する両金属は、日本で購入されたと説明する。日本が黄金に富むことは、日本の項目でも述べられており、『東方見聞録』の影響が垣間みえる。このほか、偶像崇拝者であることなどが紹介される。

日本については、「すべてのシナ人のいうことによると」とあり、華人情報であることが明記される。日本は琉球よりも大きく、国王はより強力である。国王は中国の国王の臣下であり、異教徒である。中国とはまれに交易し、琉球人は日本へ赴いて交易する。

このように、『東方諸国記』における、『東方見聞録』以降の日本に直接関係する追加情報は、日本と中国・琉球の関係などの限られた内容にとどまるものの、琉球の存在を紹介し、琉球を介してポルトガル勢力圏と日本がつながりうることを指摘したことの意味は、ヨーロッパの知識体系のなかでも大きな意味をもったはずである。

『東方諸国記』とほぼ同時期の情報としては、アントニオ・ピガフェッタの記録が残されている。彼が記したのは、フェルナン・デ・マガリャンイス、すなわち英語でいうマゼランの航海であり、長南実訳『大航海時代叢書（コロンブス、アメリゴ、ガマ、バルボア、マゼラン 航海の記録）』第一期第一巻（一九六五年）に収められている。成立の時期は明白ではないが、最初の刊本が一五二五年に出版されているため、それ以前に執筆されたと考えられる。マゼラン艦隊がフィリピン諸島にいた時に、ルソン島へ「レキー（Lechii）」の人びとが六〜八隻の船で毎年訪れたといわれている（前掲訳書五八三頁）。それが大小いずれの琉球であるかは判然としないものの、別の箇所（六六三頁）でもシナの海岸の一地域としてレキーが登場する。

ポルトガルの地図と日本

テキストである『東方諸国記』とともに、画像表現である地図も進化する。ポルトガルの地図学者による地図では、日本と琉球はどのように表現されているだろうか。イタリアのモデナにあるエステンセ図書館が所蔵する、一五〇二年頃成立とされる作者未詳の著名な世界図（Cantino）には、東大洋（Oceanus Orientalis）などと記された洋上に、いくつかの小島があるものの、日本らしき島は確認できない。

一五一三年のフランシスコ・ロドリゲスによる、中国沿海を簡略に記した地図の中に、沖合いに「パルポクォ（Parpoquo）」という左右に長く、鋸の刃のような形に描かれた島が存在する。これを日本だとみなす説もあるが、不確実でもある。一五一九年ロポ・オーメンの中国海図には「パリオコ島（Parioco Insula）」という島があり、縦長の長方形であり、右と下に小島が書かれ、『東方見聞録』におけるジパグの伝統的表現とみなす説がある。

かつてミュンヘンにあり第二次世界大戦中に失われたとされる、一五一七年作者未詳の地図の右上には、六つの小島を従えた縦長の長方形の島が存在する。この表現は大英図書館所蔵（Add. MS 9812）の、作者未詳一五二二年制作のインド洋を中心とする地図にも類似する。

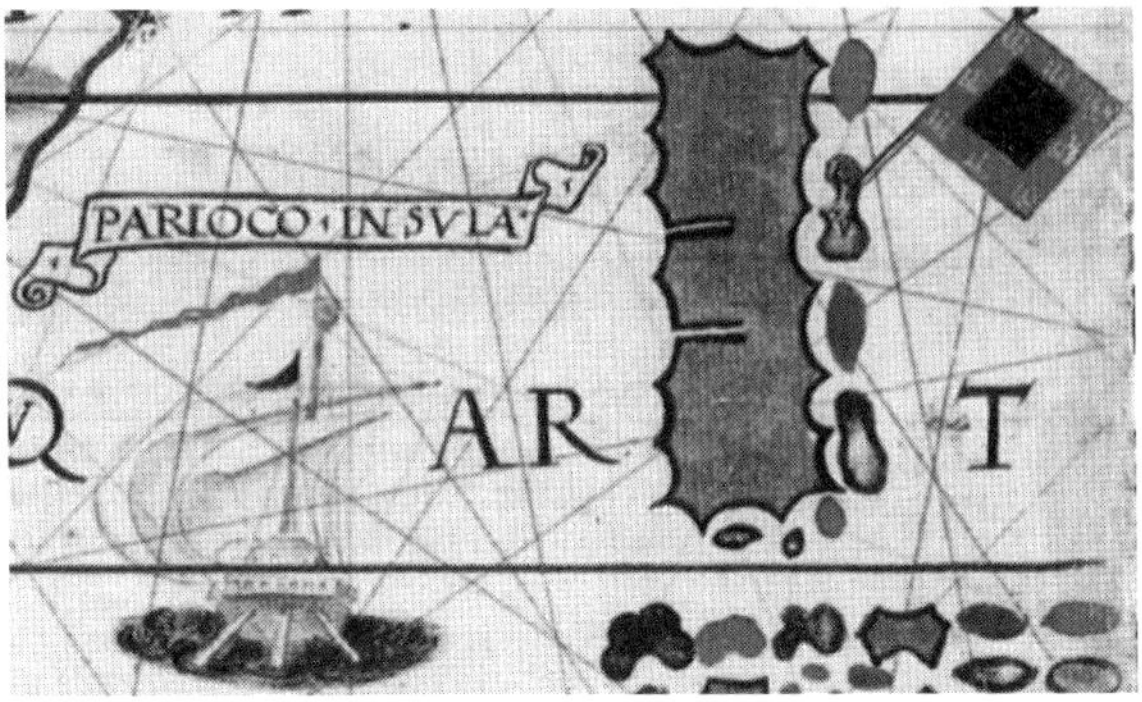

図6　ロポ・オーメン海図（1519）の「パリオコ」（Álfredo Pinheiro Marques, *A Cartografia Portuguesa do Japão* 〈*Séculos XVI-XVII*〉〈Lisboa: Impresa Nacional-Casa da Moeda〉）

日本とともに琉球も登場しはじめる。『東方諸国記』の影響であろうか。「琉球」は、アラビア語起源のゴーレスから、この時期になると「レキオ（Lequio）」もしくは複数形のレキオスと表現される。漢語の「琉球」が、現在の沖縄のみを意味するのではなく、時として台湾やフィリピンを含む概念であるのと同様、レキオもこれらすべてを意味しうる言葉である点は注意を要するが、一五三五年作者未詳の地図の中に「Lequios」と注記された、円形にまとまった島々の一群が描かれている。一五四五年作者未詳の地図には、不明確ながら縦長に一〜二列にならべられた赤と青の島々が書き込まれている。さらに一五五〇年作者未詳の地図には、やはり縦長に一〜二列にならべられた赤と青の島々があり、レキオスと大きく記されている。

東アジア地域の胎動

室町日本へ来た「南蛮船」

ヨーロッパ人来日以前に、多くの文献に日本が記載された軌跡をたどってきた。それでは、日本の状況はどのようなものだったのだろうか。

応永一五年（一四〇八）六月二二日、「南蛮船」が若狭国今富名《いまとみみょう》（現在の福井県小浜市）の中港浜に着岸した（『若狭国税所今富名領主代々次第』）。有馬香織氏のご教示によれば、「中港浜」は、現在の小浜市湊の小浜信用金庫西津支店周辺と考えられている。一四〇八年は、ヨーロッパ史でいえば、フラ・マウロの地図や、ポルトガルのアフリカ進出の契機となったセウタ攻略より以前の出来事である。そのような時期に、彼らが日本へ派船することなどありうるのだろうか。

じつは、この南蛮船については、もう少し具体的な情報がある。一行は、本阿《ほんあ》という「問丸《といまる》」、すなわち運送業者を通じて、彼らの「帝王」から日本の「国王」への進物を贈る。その内容は、生きた黒象一頭、山馬一対、孔雀《くじゃく》と鸚鵡《おうむ》がそれぞれ二対などであった。象は三頭とする記録もあり、京都へ届けられ、その後漢陽（ソウル）へ渡ったことが明らかにされている。進物を贈られた日本の「国王」

に相当する官職は、当時の国内の官制上は存在せず、明や朝鮮との関係の中でのみ使用される。かつては、南朝方の懐良《かねよし》親王、つづいて足利義満が名乗り、以後は足利将軍、もしくは将軍就任前後の人物が世襲した。この時期は同年五月六日に義満が死亡した直後であり、その子義持が相当する。

さて、この南蛮船の派遣元たる「南蛮」がどこであるかが問題だ。小葉田淳氏は次のように述べる。

先述の「帝王」の名は「亜烈進卿」である。「亜烈進卿」の名は「亜烈」と「進卿」にわけることができ、前者は「阿里」と漢字表記される場合と同様に、アラビア語で大きいことを意味する「Ali」である。

図７　象をつないだと伝えられる岩（福井県小浜市〈平成26年3月23日撮影〉）

残る「進卿」を手がかりに、中国の明朝の公式歴史書である『明永楽実録』をひもとくと、「旧港故宣慰使《せいいし》施進卿《せしんけい》之子済孫《さいそん》」なる人名がみつかる。ここから「進卿」のフルネームは施進卿であり、彼の肩書は旧港宣慰使、子の名前は施済孫であることがわかる。

やや複雑な話となったが、いいかえるなら、南蛮船を派遣した人物は、旧港宣慰使の施進卿である。さらに重要なのは、彼の人名よりもむしろその肩書きである。「旧港宣慰使」の「旧港」とは、現在のインドネシアのスマトラ島南東部のパレンバンを意味するため、一行はここから日本へ向けて旅立ったことが明らかとなる。この船は応永一五年一一月一八日に大風により破損し、翌年に新造、一〇月一日に出港した。派遣元を同じくするとみられる南蛮船は、応永一九年（一四一二）にも小浜へ来航したことが記録され、さらにその七年後には南九州へも南蛮船が着いている。

これらの船が「南蛮船」と呼ばれている事情は、中華思想における「北狄《ほくてき》」「東夷《とうい》」「西戎《せいじゅう》」「南蛮《なんばん》」に由来する。中華思想とはすなわち、中華帝国が世界の中心に存在し、その東西南北の外部に蛮族が住むとの世界観である。『漢書』などにおいて、日本が「東夷」に分類されていることを知る方も少なくあるまい。この分類に従えば、インドネシアを含む、現在東南アジアといわれている地域は、中国、そして日本からみても南にあたるため、「南蛮」とよばれたのである。「蛮」という字は、彼らが蔑視されているかの印象にもつながるのだが、少なくともこれらの件に関する限り、蔑視を裏付ける記述はない。それどころか、憧憬の的だった可能性すらある。先述の波斯文文書のペルシア語詩文は、慶政によって「南番（南蛮）文字」だと説明される。彼はまた、明恵が「印度之風」を好むため、文書を日本へ持ち帰ったと説く。慶政の誤解はさておくとして、ここにいう「南番」と「印度」の対応は明らかであって、少なくともこの事例にあって南蛮は憧憬の地であっても蔑視の対象ではない。

南蛮とは何か

いわゆる「南蛮」の時代の話をはじめる前に、さらに広げて南蛮について考えてみよう。ポルトガル人初来日以前に「南蛮」と呼ばれた人びとは、決して右のパレンバン船ばかりではない。筆者が知る限り、日本史料における「南蛮」の初見は、平安時代の長徳三年（九九七）一〇月一日、大宰府管内諸国に南蛮人が乱入したとの報告が、京都の朝廷へ届けられた事件に遡る（『日本紀略』）。大宰府からの報告と時を同じくして、奄美島からも、船で筑前・筑後・壱岐・対馬を襲撃する集団の存在が報告されている（『小右記』）ことから、この「南蛮」人は奄美大島もしくは周辺地域出身だと考えられる。翌年には大宰府が「貴駕島」に捕縛を命じている。「貴駕島」は現在の喜界島であり、奄美大島にも近い。近年注目を集める同島の城久《ぐすく》遺跡は当時官庁がおかれていたとみなされている。奄美大島の人びとを南蛮という言葉で表現することも、中華思想における「南蛮」の用例にほかならない。

景泰四年（一四五三）一〇月一三日東洋允澎《とうよういんぼう》を正使とする日本の遣明使節が北京の会同館に滞在していた時、「南蛮瓜哇《ジャワ》国人百余人」が日本との通交を希望してきた。「南蛮」と「瓜哇」なのか、「南蛮の瓜哇」なのか、二通りの解釈の可能性があるが、少なくとも一〇〇人以上の集団の総意として日本との通交を求めたことになる。ふたつの集団であることが明示されていない点に重きをおくならば、後者の解釈がより妥当なのかもしれない。「瓜哇」はインドネシアのジャワである。

『蔭凉軒日録《いんりょうけんにちろく》』の、長禄三年（一四五九）から寛正二年（一四六一）頃の記録には、しばしば「南蛮絹」の語がみられるが、その実態や入手先は詳らかではない。また、『蔭凉軒日録』の筆者である京都相国寺の季瓊真蘂《きけいしんずい》が、琉球の使者たる芥隠承琥《かいいんしょうこ》と文正元年（一四六六）八月一日に会見した記事では、「南蛮酒」が供され、日本の酒の風味と比較された感想が書き込まれていたらしい。残念ながら、感想の部分は原本に破損があり知ることができない。この時期の琉球が東南アジアと交易をしていたことは、現代では常識だが、季瓊も琉球の彼方に南蛮をみていたのかもしれない。

さらに少し遅れて、海を渡って朝鮮半島で南蛮への関心が垣間みえる。成宗一〇年（一四七九）二月九日には、朝鮮国王成宗が李仁畦《イインギュ》に日本情報を尋ねる中で、水牛はいるか、と問う。仁畦は、日本には水牛がなく、また産物に乏しく多くを南蛮と交易して用いている、ただ金はあり価格は朝鮮と同じであると回答した。『東方見聞録』や『東方諸国記』の内容と奇妙な近似をみせる。成宗一三年（一四八二）四月一七日、日本から漢陽（ソウル）へ派遣された使者が、南蛮に言及する。それによると、胡椒は日本では採れず南蛮の産物であること、南蛮とは琉球が交易をしているとされる。これからしばらく朝鮮で胡椒への関心が高まったとみられ、関係記事が散見する。

同時期の日本にも南蛮に関する記事が存在する。堺の海会寺《かいえ》の僧季弘大叔《きこうだいしゆく》が記した『蔗軒日録《しやけんにちろく》』文明一七年（一四八五）九月二四日条には、日本居士《こじ》と秀慶《しゆうけい》なる人物が季弘を訪れた話がみえる。彼らは南蛮の風俗について話をし、南蛮には裕福な人びとが多く、黄金を車に一二両ほど所有している人も多いと述べた。ヨーロッパや朝鮮の記述には、しばしば日本の産物の代表として金の存在が指摘されているが、ここではむしろ南蛮に多いとされている点が興味深い。

筆者はかつて本項の題と同じ「南蛮とは何か」という小文を草したことがあり、『日本国語大事典』に収められている、「南蛮」を含む六〇余語をどのように系統的に理解しうるのかの解説を試みた。唐辛子を意味する南蛮、歌舞伎・文楽の用語としての南蛮、さらには鴨南蛮など、なお多くの用例があるが、本書ではこれくらいにしておこう。

琉球王国の繁栄

琉球は、イスラム圏やヨーロッパでは、アル・グール、ゴーレス、レキオなどとして知られ、日本や朝鮮では、琉球を通じて「南蛮」への憧れが垣間みえる。日欧両文化が出会う時は近そうだ。

琉球が文献にはじめて現れるのは、『隋書《ずいしよ》』東夷伝である。隋の煬帝《ようだい》は、大業三年（六〇七）に朱寛《しゆかん》を「流求」へ派遣したが言葉が通じなかったなどと記載されている。この「流求」を、現在の沖縄とみるべきか、台湾とみるべきかはわからない。じつは、琉球には二種類あって、後の時代には「大琉球」「小琉球」と区別され、ポルトガル語などにも「レキオ・マイオール（Lequio Maior）」「レキオ・メノール（Lequio menor）」として引き継がれる。現在の沖縄に相当する地域は、大琉球の方である。面積は小さいのだが、人間社会が比較的早くに組織化され、開けた琉球と認識されたため「大」琉球と名付けられたのであろう。「沖縄」という地名の起源も意外と古く、宝亀一〇年（七七九）成立の『唐大和上東征伝』には、鑑真を乗せた船が「阿児奈波」に漂着したとある。

その後しばらくは文献からは姿を消すものの、『漂到流球国記』にあらわれる。『漂到流球国記』は、寛元元年（一二四三）九月八日に肥前松浦を出発し、同月二九日から翌年の五月二〇日まで宋の福州に滞在し、六月一日に帰国した一行の記録である。最終目的地が宋でありながら、途中、九月一七日から二三日まで琉球に漂着したことに多くの分量が割かれているため、右の書名になったものと思われる。この時期の琉球に関する文献史料として貴重なものである。琉球滞在の件を概観しよう。

九月一七日、琉球国の東南に漂着したと記されているが、当初はどこに漂着したかわからず、あ

図８　漂到琉球国記（東京国立博物館編『海上の道』読売新聞社、1992年、83頁）

る者はその地点を「貴賀国」といい、他の者は「南蕃（南蛮）国」だと主張し、「流球国」と考える者もいた。最終的には流球国説に落ち着いた。「貴賀国」「南蕃国」は前項で述べたとおり、それぞれ喜界島および奄美大島と解釈するべきであろう。彼らがこの段階で何を根拠に到着地を「流球」と判断したのか、また「流球」は大・小琉球のどちらにあたるのかは明確ではない。一九日になってはるか遠くに人煙をみつけた。日宋両国ではみない山や木の形があり、木の葉は長さ二尺、幅七、八寸ほどだった。また、一軒の仮屋があり、屋根は草で葺かれ、柱には赤木を用い、高さ六、七尺で、中には炭爐《たんろ》があった。爐をのぞくと人骨があり、一同魂を失った。すなわち、食人の慣習があったと指摘する。その一方で冷静に観察をしたようで、骨の長さによって「流球」に来たことを知ると述べているところをみると、日本人とは異なる体型を示す人骨らしい。記述はまだ続くのであるが、これくらいにしておこう。家屋に使用されたとする赤木は、沖縄本島のアカギとする考察もあり、「流球」が現在の沖縄本島だった可能性を想定してよいように思われる。この種の情報が、『東方見聞録』の人肉食の情報源になった可能性がある点については先述のとおりである。

その後、沖縄本島には、北山・中山・南山の三つの王国が成立し、一四二九年に尚巴志《しようはし》がそれらを武力で統一し第一尚氏王統が成立、さらには一四七一年にはクーデターにより金丸《かねまる》が王位に就き、尚《しよう》円《えん》を名乗り、第二尚氏王統が成立して明治に及ぶ。このころの琉球がシャム・マラッカ・ジャワなどの東南アジア諸地域から明・朝鮮、そして日本とも交易し、それが、先述の日本や朝鮮における「南蛮」イメージ形成にも影響したと考えられる。この時代については、出版情報なども充実しており、詳細はそれらに譲ることとしたい。

海禁の時代

来日以前の南ヨーロッパがどのように日本情報を具体化させてきたか、また同時期の日本にはそれに対応するヨーロッパ情報はないものの、どのように東アジア外部を認識し、関係を構築していったかを概観した。これらに加え、このころポルトガル・スペイン両国は、対外拡張を進める。ポルトガルは、現在はスペイン領であるアフリカ北岸のセウタを攻略して以降、アフリカ、インドを経由し、一五一一年にマラッカを手中に収めたことで、香料諸島および東アジアを射程に収めることになる。他方、スペインはメキシコへ拠点を築き、一五七一年にマニラ市を建設したのち、太平洋航路を安定化させた。

他方、東アジアでは明が強固な海禁政策をとっていた。海禁とは檀上寛氏の定義によると、「民衆の出海を禁止ないし規制する国家の措置」のことであり、歴代の中華帝国の中でも明代の海禁はとくに厳格であったとされる。住民の出国を禁ずるばかりではなく、外国人の入国に対しても厳格であった。たとえば、エンリコ・エンリケスは、シナとよばれる州にある大きな王国の人びとは、侵略されないよう外国人の立ち入りを警戒していると伝える（一五四六年一一月一二日付書簡）。日本の遣明使節の随行員である柳井郷直《やないさとなお》は、天文一六年（一五四七）六月一日に明側の窓口がある定海において、一〇年一貢という規定に抵触するために、入国を拒否されたことを記す（『大明譜』）。フランシスコ・ザビエルが、日本滞在時に中国布教を志し、広州からの入国を希望するも許可が出ず、広州沖の上川島《じょうせんとう》でその生涯を閉じたことは有名である。そしてなによりポルトガルは、一五一七年に国交樹立のために使節を派遣しながら、交渉に失敗しているのだ。

海禁政策は、ひとり明のみではなく、朝鮮王朝・琉球王国も追従していた。ポルトガルの航路がマラッカへ延びてから、日本へ到達するまでに約三〇年を要した事情を、ポルトガルの東アジア地域に対する無関心に求める議論があるが、海禁を顧慮しなければ一面的というほかなかろう。ポルトガルはすぐに東へ航路を延長しなかったのではなく、延長を試みたができなかったのである。それでは、なぜポルトガルは日本へたどりつけたのかが、むしろ問題となる。

海禁秩序の東アジアにあって、外国人の入港や滞在ができる地域が例外的に存在した。中国の島嶼部と日本である。日本については後述する。海禁政策の本元である明の領域内に、外国人が滞在できる空間があるというのは一見矛盾しているが、じつはそうではない。ザビエルは広州、すなわち中国本土への入国許可は最後まで獲得できなかったが、上川島へは滞在した。そのことを明側の当局が把握していたか否かについては確証がないものの、把握していた可能性が高い。上川へは多くのカントン（広州）商人たちがポルトガル商人と取引をするために訪れていることを、ザビエル自身が描写しているからである。頻繁な往来は当局に把握されやすい。それにも関わらず、ザビエルを上川島から追放する動きは確認できない。

図９　明代の中国

明当局が滞在を把握しつつ、それでも退去を求めていないことが確実な事例もある。柳井郷直は定海を追われたのち、雙山や川山という島で約一〇ヶ月を過ごすことになる。本土への入国を拒否されたにも関わらず、彼らが雙山・川山で滞在していることは、地方官憲は確実に把握した。しかし、追放を意図した形跡はない。それどころか、彼らは書簡を何度も往復しているのである。書簡の写しは『嘉靖公牘集《かせいこうとくしゅう》』という表題をつけられ現存する。

これらの事実から、明が外国人の立ち入りを規制していた領域とは、大陸部であって、島嶼部については必ずしも厳密に対処していないばかりか、あからさまな黙認もされていたことがわかる。右の例のほかにも、明の領域内の島嶼部は、外国人にとっても交易・滞在の拠点を形成しうる条件を整えていた地域であり、ポルトガル航路が日本へ延びる中継地の役割を果たすことになる。

Ⅱ

遣欧使節構想の誕生

画：寺崎武男・連作キリシタン文化史的絵画—天正少年使節伝－船出
（青山学院資料センター蔵）

日欧邂逅の時代

ポルトガル人日本初来の具体像

前章では情報のみが往来していた時代から、お互いが直接まみえるための航路が少しずつつながりつつある軌跡をたどってきた。いよいよ日欧が直接出会い、さらには日本からもヨーロッパへの人員派遣計画やポルトガルのインド政庁との交渉が散見するようになる。本章では、天正遣欧使節の前提となる、こうした諸事情から天正遣欧使節の派遣計画、準備をみることにしたい。

種子島への鉄砲伝来が、天文一二年（一五四三）の出来事であるというのは、大方にとって常識に属するかもしれない。結論を先取りするならば、筆者もその常識に間違いはないと考えている。これは、鹿児島の外交僧文之玄昌《ぶんしげんしょう》が慶長一一年（一六〇六）に記した『鉄炮記』に基づく理解である。

他方、研究史をひもとくと、ポルトガル人の日本初来は一五四二年であった、その到着地は九州本土だった、それは漂着だったか否か、などさまざまな議論が展開している。じつは、『鉄炮記』のほかにもこの頃の出来事を語っていると考えられる情報は数々存在し、筆者もかつて二五の原典を検討したことがあるが、ここでは一点のみ紹介しよう。アントニオ・ガルヴァン『発見記』（邦題は新旧諸国発見記などともいう。ポルトガル語の通称は *Tratado dos descobrimentos*、一五六三年初版）のうち、アンティル諸島およびインドにおける発見を記した章の一五四二年の項に問題の記事がある。一五四二年、アユタヤを出発したポルトガル人三名を乗せた船が暴風雨に遭い、漂流する中で、北緯三二度の地点でひとつの島をみた、というのが要旨である。それが「ジャポンイス（Iapões）」とよばれる金銀に富む島々であろうと補足される。

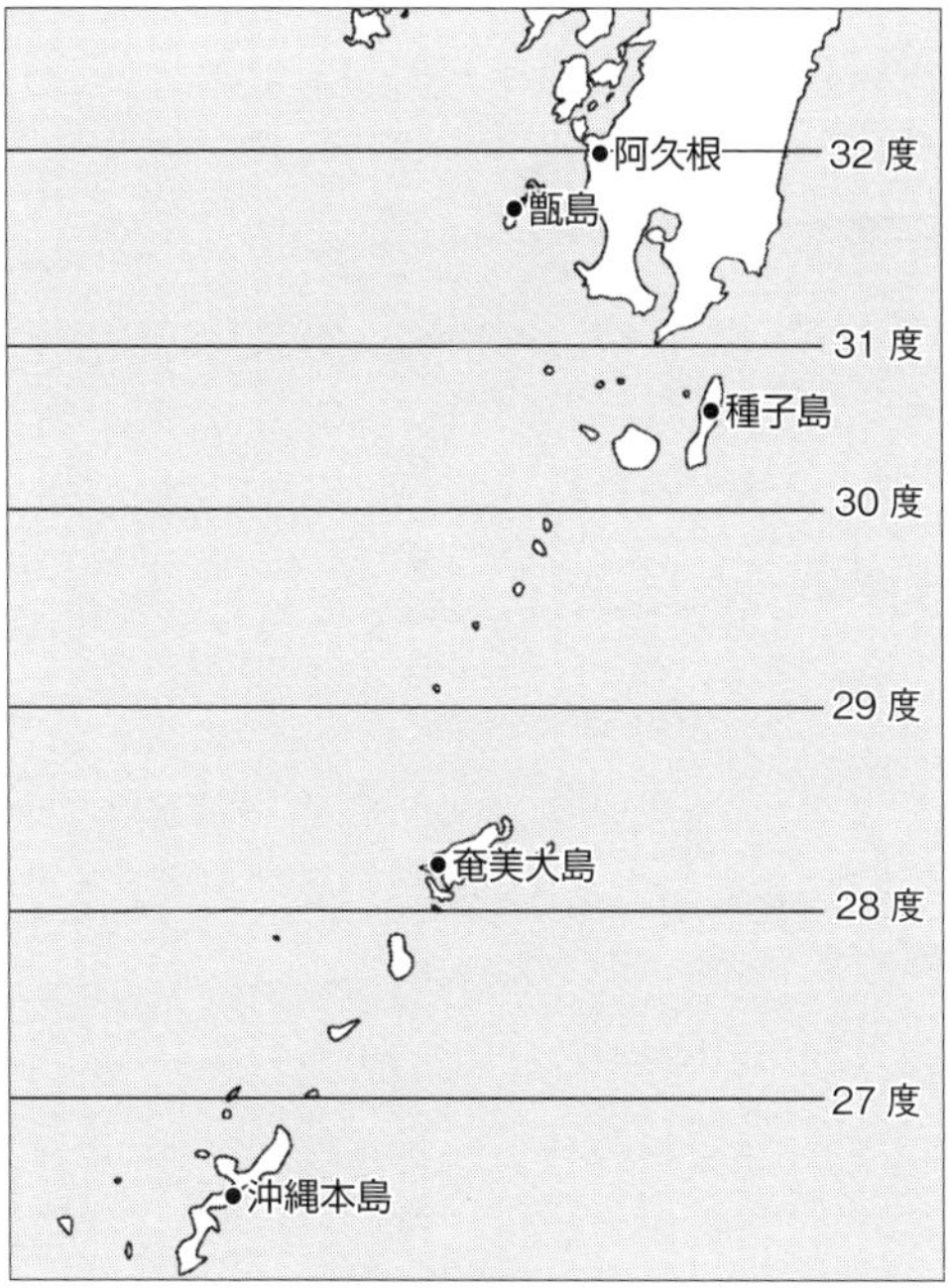

図 10　九州・南西諸島周辺図

『鉄炮記』と『発見記』は類似する出来事を伝えていながら、一致はしていない。このことから、類似点に着目して両者は同一航海について語っているとする解釈と、相違点を重視して別個の出来事だとみなす見解がある。それぞれがさらに枝分かれをし、論者の数ほど説があると言っても過言ではない状況にある。筆者は後者の立場をとっている。いずれにしても、一五四〇年代前半にはポルトガル人が日本近海へ姿を現したことは確実である。しかも、一六世紀前半に外国船が来日した事例はなにも種子島ばかりではなく、九州各地のほか、江ノ島や伊勢への来航も知られている。

ヨーロッパ最初の具体的日本情報

マルコ・ポーロは、日本に関する最初の欧文史料を残し、トメ・ピレスはおそらく華人もしくは琉球人からの情報に基づいて少し具体化させた。アントニオ・ガルヴァンは、ポルトガル人によって日本の位置が確認されたであろう出来事に言及する。しかしながら、彼らは自ら来日し、見聞を記したのではない。それでは、来日した上で、日本情報を残した最初の人物は誰であろうか。この点について、フランシスコ・ザビエルが貴重な証言を残している。

ザビエルは、日本へ出発する前の一五四八年一月二〇日、ローマのイエズス会員に書簡を宛て、ポルトガル商人により日本の情報を得たことを明記した。その商人は、アンジロウ(洗礼名パウロ・ダ・サンタ・フェ)をザビエルに紹介したとも記されている。どのような商人だったのだろうか。

アンジロウの証言によれば、商人の名は、ジョルジェ・アルヴァレスである(一五四八年一一月二九日付アンジロウ書簡)。彼は、ザビエルたちが日本へ向かう途中、上川島での宿を提供した人物でもある。岸野久氏によれば、このアルヴァレスの報告こそが「来日経験をもつヨーロッパ人が書いた、事実上最初の本格的な日本見聞記」にほかならない。一般にはほとんど知られていない、しかしながら、日欧情報交流史の文脈において、マルコ・ポーロにも勝るとも劣らぬ重要な記録である。スペイン国境に近いポルトガルの町エルヴァスの市立図書館などに写本が現存する。その概略は以下のとおりである。

彼が滞在した港（山川・amamgoão）は、周囲二〇〇《レグア》（約一一〇〇《キロ》）の一島（huma ilha）に存在し、北緯三二度と四分の三すなわち四五分の位置であった。この「一島」は九州であろう。主要な港として、山川のほかにも、博多（facata）・阿久根（amgune）などの地名が紹介される。つづいて、農作物や魚介類・火山など災害を含む自然を概説し、住居・体格や衣服・食事の話題に移行し、さらに家族関係や君臣関係を詳述する。そのすべてが興味深い内容に満ちているが、ここでは宗教に関する部分に注目したい。

図 11　エルヴァス市立図書館（2003 年 7 月 19 日撮影）

宗教については、在家の「偶像崇拝」の作法と、各宗教者の行動について詳述し、その間に女性の立場や習慣の記事がある。日本の「偶像崇拝」は、すでに『東方見聞録』が記すところであるが、ここではより正確かつ詳細なものとなる。毎朝数珠を手に起立して祈る。祈りを終えると数珠を指の間に三回擦る。こうして各自の家で健康、富そして敵からの安全を祈り、偶像へ多くの喜捨をする。

宗教者としては、僧侶と山伏が登場する。僧侶は、日本語の「坊主」がポルトガル語にも取り入れられ、「ボンゼズ（bomzes）」などと表現される。「ボンゾ」もしくはその活用形は、その後の欧文史料のなかで頻繁に用いられる。彼らは、深夜・朝・夕・晩などに鐘や太鼓を叩き、時を知らせる。それにしたがい、寺中の僧侶が集まって祈りがはじまる。寺には一般女性はいないものの、食事をつくる老婆はいる。また、身体障害者や病人がおり、僧侶たちは彼らを癒し、彼らは数珠をつくる。寺にある偶像には金箔が施され、頭はカフレ人のようであり、耳に穴が開いているのはマラバール人のようだと形容する。カフレ人はエチオピアからモザンビークにかけての沿海地域から、さらに内陸を経て喜望峰まで居住する黒人であり、多くはムスリムであることなどは、リンスホーテン『東方案内記』第四一章（岩生成一ほか訳注 一九六八年）にみえる。マラバールはインド西海岸の地名である。これに先行する部分で、カフレ人を見に一五〜二〇《レグア》の遠方から訪れる人もいて、三、四日間かけて敬意を表すといわれており、顔立ちが仏頭に似ているとの指摘をあわせて考えるならば、彼らが天竺から来た人びとだと誤認されていた可能性を彷彿させる。先述の、天竺／印度概念の膨張現象である。また、寺院は盗み以外の犯罪者に対して、一定の日数に限った特権を持っているともいわれている。これは、岸野氏が指摘をしているとおり、寺院内には世俗の警察権が及ばないとする特権、いわゆるアジール権を意味するものと思われる。このほか、寺院や僧侶の習慣などについても記される。

　他方の山伏については、山伏という言葉は用いられてはいないものの、頭に握りこぶし程の四角い帽子を着用し、人を集める時には法螺貝《ほらがい》を吹き、首に数珠を掛けているなどの特徴が表現される。山伏四、五人と巫女は、祈禱を依頼した人物とともに、偶像の家とよばれる施設へ集う。そこへ米・酒・銅銭が供されて、焼米を食べ酒を飲む。巫女が聖室に保存してある装束を着用すると、男たちは太鼓や錫杖《しやくじよう》を鳴らし、巫女の踊りがはじまる。踊りが終わるとふたたび飲食がはじまり、そうして祈禱は終わる。偶像のひとつはチョ（cho）と呼ばれ、不恰好だったと伝える。

以上の報告の末尾に、都（me〔a〕co）から九州まで、ひとつの言語しか存在しないことを補い、全体を締めくくる。日付を欠いているため、正確な作成年次は未詳とせざるをえないが、おおよそ一五四七年末頃の成立だと推定される。ほぼ同時期の日本情報としてイタリア・ウンブリア出身のニコラオ・ランチロットの情報も知られている。

フランシスコ・ザビエルの日本情報

フランシスコ・ザビエル。日本へキリスト教を伝えたイエズス会士として彼の名を知らぬ者はいまい。現在の大阪府茨木市千提寺から約一〇〇年前に発見された画像のイメージも手伝って、その風貌に敬意や親しみを感じる方も少なくないはずである。ザビエルは、現在はスペインのバスク地方と呼ばれるナバラ王国の貴族の家系に、一五〇六年に生を享ける。バスク語・ポルトガル語で彼の姓は「シャビエル」というが、本書では日本語表記として一般的な「ザビエル」を用いる。一五二五年、パリ大学聖バルブ学院へ留学し、イグナシオ・デ・ロヨラらと出会い、一五三四年にイエズス会を結成する。ポルトガルの意向により「東インド」の布教へ出発したのは一五四一年であり、インド・セイロ

図12　フランシスコ・ザビエル（神戸市立博物館蔵）

ン・モルッカ諸島などで布教に従事し、マラッカでジョルジェ・アルヴァレスらと出会い日本布教を決意した。彼が鹿児島へ第一歩をしるしたのは一五四九年八月一五日のこととされる。以後、九州諸地域、堺・京都・山口などで活動を展開し、一五五一年一一月二〇日豊後国沖の浜を出発するまで、日本で布教をおこなった。その後、インドへ戻り、ふたたび中国へ向けて出発するが、本土へは入国が許されないまま、上川島で一五五二年一二月三日にその生涯を閉じる。

ザビエルは、鹿児島への到着後、一五四九年一一月五日に五通の書簡を認める。そのうちもっとも分量の多いゴアのイエズス会員へ宛てた一通および、日本滞在を終えたのち、コーチンで作成された一五五二年一月二九日付の二通の書簡が、日本情報としては代表例といえる。前者は、日本における偶像崇拝は獣の像を拝むのではなく、哲学者のような人々を拝むのだと指摘する。これは、マルコ・ポーロの情報を実地で訂正したのであろう。日本情報としては、滞在後に書かれた後者がより注目される。

コーチンでの二通のうちでも、ヨーロッパのイエズス会員へ宛てた一通が、より充実している。ここでは、日本の偶像崇拝で祈りを捧げる対象が、より具体的に釈迦と阿弥陀であるとされ、彼らは実在の人間ではなく、悪魔の作り事だと結論づける。

日本へ到着時の様子や、日本人たちが好戦的であることの叙述とともに、僧尼や寺院の概況、日本の仏教諸派についても注目する。ザビエルは僧侶の役割を、民集に代わって五戒を守り、五戒を守らない人々が受けるべき災いを引き受けることに見出す。五戒とは、殺生・盗み・姦淫・嘘・飲酒を禁じる掟であるが、俗世間では守ることが難しい。したがって、人々は僧侶へ寄付をすることで、救いを求めるというのが、日本の宗教社会の基本的な図式として説明される。

ザビエルは布教にあたって、僧侶と多くの論争を展開しており、とりわけ、僧侶が五戒を遵守《じゅんしゅ》しているか、五戒を遵守《じゅんしゅ》せずに地獄へ落ちたものは救われうるかという点について、激しく応報したことがうかがえる。前者に関しては、魚などの生き物を食用にし、酒を飲み、嘘をつき、姦淫するのみならず男色にふけるなどの点を批判する。また、彼らが祈りを捧げる釈迦や阿弥陀は実在しないなどの点を指摘し、その正統性を疑問視する。

後者に関しては、キリスト教の教義は一度地獄へ落ちた者は救済ができないとするものであり、僧侶が民集を救う存在だとする仏教の教義を批判する。地獄へ落ちたものに救済の道がないとする点は、日本では僧俗問わず大きな反響があった。ザビエル来日以前にキリスト教の神の存在を知らなかったがゆえに、神を信仰することができなかった祖先たちが地獄へ行き救われないとするならば、神は無慈悲であるとする反批判が現われる。これに対しては、五戒とキリスト教の十戒の価値が共通するため、神の摂理は誰から教えられることがなくても、すなわちザビエル来日を待つまでもなく、受け継がれてきたのだと説く。このほか、僧侶たちは惑星の運行や地球が丸いことなどの天文の知識に欠けていたことを指摘する。

宗教以外の日本情報としては、京都の町中、坂東の大学などについて記されている点が注目される。ザビエルは日本全土で布教をする許可を得るべく、「国王（el-rey）」と会いに京都を訪れる。ところが、国王とは会うことができず、また人びとは必ずしも国王にしたがっていないと判断し、会見を断念する。「国王」を後奈良天皇と解しうる余地もなしとはしないまでも、別の書簡では、「日本国王（rrey de Japán）」が中国への通行許可証（salvoconducto）を管理しているとある点をあわせて考えるならば、将軍足利義輝ではなかろうか。戦争で荒廃したため、京都には一〇万戸以上の家があるにすぎないが、かつては一八万戸あったと記す。一四七一年に朝鮮王朝の領議政である申叔舟がまとめた『海東諸国紀』では、山城国の戸数が二〇万六〇〇〇余りといわれていることとも大きな齟齬《そご》はない。

ザビエルは京都以東を訪れてはいないが、「坂東の大学（足利学校）」に言及している。坂東で勉強をした人物が、山口で信者になったとの報告があるから、その人物が情報源であったのかもしれない。あるいは、足利で筆写された『論語義疏《ろんごぎしょ》』が、大内氏・毛利氏の元を経て、現在は慶應義塾大学斯道文庫に収められている。儒教研究のネットワークが情報源だったとも考えられる。ザビエルは足利学校について、中国から来た宗派を学ぶべく、多くの僧侶たちがそこへ集うと伝えている。

このほかにも、ザビエルは豊富な日本情報を残している一方で、同時代の日本史料では、唯一『大内義隆記』（天文二〇年〈一五五一〉霜月中旬）が、時計などを義隆へ贈った人物として「天竺仁（人）」の存在を記しており、これがザビエルだとみなされているにすぎない。

イエズス会士の日本布教戦略と日本観

ザビエルは日本滞在の折、日本文化における中国の影響力の大きさを知り、中国布教準備のためインドへ引き返す。ザビエルとともに来日し、布教長としてその後の活動を総括したのが、コスメ・デ・トーレスである。彼は、山口・豊後府内・横瀬などを拠点に活動し、長崎開港に尽力し、京都へはガスパル・ヴィレラ、ルイス・フロイスらを派遣した。彼の布教方針は、ザビエルを継承し、適応主義、領主からの布教許可取得、ポルトガル商船との連携、京都への布教を基本とした。

デ・トーレスの書簡のなかで、日本情報という点でもっとも注目すべきは、一五六一年一〇月八日に豊後からアントニオ・デ・クワドロスへ宛てられたものである。この一文は布教報告というよりも、宗教はもとより気候、身分、九州・畿内の各地方の布教成果の概説というべき内容である。偶像崇拝については、当初はザビエルのように釈迦と阿弥陀に言及していたものの、彼が日本を去って一〇年ほど経過したこの書簡では、釈迦・大日如来（Denix）・観音（Canon）を代表例として紹介している。かつてザビエルは、キリスト教に触れたことのない日本人を前に、デウス（神）を大日にたとえたことがあり、のちにそれが不適切であることに気づく。偶像崇拝の対象に大日如来が加えられた背景には、このことが反映されたのかもしれない。デウスの教えの大敵だと付け加える。

布教成果を概観する部分には、豊後府内・朽網《くさみ》・平戸・博多・鹿児島・山口・京都・堺の八つの地域が含まれる。府内は大友義鎮（宗麟）の本拠地で、この時点では義鎮は改宗へ至っていないものの、友と呼ばれている。府内はデ・トーレスの拠点で、緯度が三三度半といわれている点は、現在の計測情報で約三三度一四分であるから、概ね正確である。鹿児島は、北緯三一度（現在は約三一度三五分とされる）で、ザビエル上陸の地でありながら、ポルトガル人たちの来訪がないことを領主は不満としていることから、このころには、すでに布教はされていなかったのであろう。堺についてはその富と人口の多さを指摘し、政治形態をヴェネツィアにたとえる。領主に従うのではなく、会合衆の合議で町政を進めている点が、ヴェネツィアの共和制を彷彿とさせたのであろう。これらの地域の布教状況のほか、ロザリオを珍重することが、日本のキリシタンの特徴として指摘される。

デ・トーレスは、健康を害したため、後任の派遣を要請していたところ、一五七〇年六月一八日、フランシスコ・カブラルが天草島志岐《しき》へ到着し、デ・トーレスはその任を解かれた。新布教長カブラルは、到着後一ヶ月を経て会議を召集し、ザビエル以来の適応政策の転換に着手する。日本の慣習を尊重し絹の衣服を用いていたものを木綿に改め、日本・マカオ間の商取引を禁止した。そのほか、ヨーロッパ人宣教師中心の布教方針を打ち出した。また、デ・トーレスが赴くことのなかった京都へも二度足を運ぶなど、布教地の視察にも積極的であった。彼の日本観として注目されるのは、一五七六年九月九日付ポルトガルのイエズス会イルマン宛の書簡である。

この報告の多くの部分は、豊後における布教状況や政治環境に割かれているが、文末近くに添えられた、ふたつの奇跡の挿話は、彼の日本の宗教観をみるうえで重要な内容を含む。ある婦人が悪魔にとりつかれ、すなわち病に侵されていた時、夫は山伏（Iamambuxi）を呼び、悪魔を追い出す儀式をさせた。悪魔は去ったとあるため、病は平癒したとみられるが、キリシタンたちは不動明王などの像やお守りを火に投じて燃やしてしまった。このことを大友一族へ訴える者があったが、世子《せいし》義統《よしむね》およびその母は、各自の持ち物は各自において処分することに問題はないうえ、右の行為への報復がないことは神仏など存在しないことを意味すると裁定した。山伏は「坊主」の一種であり、悪魔と親しく、妖術を使うと説明していることから、彼らに対する心象をうかがうことができる。

腕の腫物《はれもの》に一年間苦しめられている女性にとりついた悪魔についても語っている。女性の両親は浄土真宗門徒で阿弥陀を拝んでいるのに、彼女はそれを拒んだために苦しめられた。悪魔の居所は、阿弥陀の「極楽」であり、そこは焼くばかりの火はあるが、光明はない暗い世界だと記す。

鹿児島での布教は、デ・トーレスの時代にひきつづき沙汰やみとなっていたようで、この報告の末尾には、薩摩の王は三年前から布教を要請しているため、少なくとも表敬のために人を派遣する必要があると述べている。

一六世紀なかばに、日本とヨーロッパが航路で連結され、商人や宣教師たちが来日した。当初、日本における布教を独占したイエズス会は、ザビエルからデ・トーレスさらにはカブラルと布教長を引き継いだ。天正遣欧使節の企画者アレッサンドロ・ヴァリニャーノは、カブラルの在任中に来日し、彼の布教方針と鋭く対立することになるが、この点はまた後で立ち返ることとして、いよいよ使節派遣への経過を語るべき順序となった。

遣欧使節構想の変遷

ザビエルの遣欧使節構想

フランシスコ・ザビエルの来日までの経緯と日本観については先述のとおりだが、彼がすでに日本人のヨーロッパへの派遣を構想していたことはあまり知られていない。マラッカ滞在中の一五四九年六月二〇日に、ファン・デ・ベイラ等へ送った書簡にそのことが明記されている。ザビエルは、アンジロウが、故郷である鹿児島における布教の可能性に希望を持っていることを述べた文脈で、日本人たち（Os japães）は、ポルトガル国王へ使節（huma enbaixada）を送り（mandão）、キリスト教布教のために神父の派遣を願うとの構想を述べている。同月二二日にヨーロッパのイエズス会員へ宛てた書簡では、日本の島の大領主（hum senhor grande daquelas ilhas de Japão）がインド総督へ使節を派遣して（mandava）、神父の派遣を要請したことがみえる。

ふたつの書簡にみえる、いかにも唐突な記述は位置づけが難しく、二〇日付書簡の「使節」は、ポルトガルはおろかインドへさえ到着した形跡はないとあしらう研究者もいる。ザビエル来日前の記述であり、かつアンジロウに言及した流れから、アンジロウの情報であるように理解することもできれば、「送る（mandão）」が過去形ではなく現在形であるため、確信をともなうザビエル自身の将来の観測と読むこともできよう。ここでは後者にとらえたい。送る主体は「日本人たち」であり、原語を確認してもそれ以上ではない。「日本人たち」が派遣する使節は単数形であるため、複数の日本人がポルトガル国王へ一回の使節を派遣することを意味する。その目的は、神父の派遣を求めることにある。二二日付書簡のものは、派遣（mandava）が不完全過去形になっていること、派遣先がポルトガル国王ではなくインド総督とされていることから、別件であると考えられる。

これらの書簡をさらに遡及すること一年余の一五四七年一一月二二日付ローマ発の書簡のなかで、イエズス会総会長秘書ジョヴァンニ・ポランコが宣教師ニコラオ・ランチロットに宛てた書簡のなかで、宣教師が「インド」の青年五、六名を引率し、二、三名をローマまで連れ、残りをコインブラで逗留・学習させ、最後には全員を合流させ、ともに教育を施す構想を示している（Pasquale M.D'Elia 一九五九年）。ここにいう「インド」は、別項にみたように日本を含む広域な地域呼称である。この書簡はザビエルへ直接宛てられたものではないが、こうしたローマの意向をザビエルが斟酌したとしても不自然はない。

ザビエルの構想が表面化するのは、日本布教からインドへ戻ったのち、一五五二年四月八日にゴアからポルトガルのシモン・ロドリゲスへ宛てた書簡のなかでである。ここではマテウスとベルナルドの二名の日本人を、キリスト教世界をみることなどのためにポルトガルかローマへ派遣することを意図して、日本からインドへ連れてきた旨が明記される。ザビエルのゴア到着は一五五二年二月半ばと考えられ、彼らの世話をロドリゲスへ依頼している。彼らは貧しいがポルトガルへ行く決心をしたのに対し、上流階級の人々は国外へ出ることを望まないまでも、エルサレム行きには興味を示した人物がいたと伝える。マテウスはのちにゴアで病死するが、ベルナルドは渡航した。

一五四九年六月二二日書簡における「使節」構想と彼らを結びつける明証はない。マテウスやベルナルドの関連部分に、「使節」の語を見出すことはできないし、ポルトガルの地を踏むことになるベルナルドが国王に会い、神父派遣を要請したことも確認できない。しかしながら、来日前に、アンジロウもしくはジョルジェ・アルヴァレスからの情報に基づいて、ポルトガル国王へ使節派遣の可能性を想定し、インド帰還時に同伴したマテウスとベルナルドの派遣を思い立ったとみなしても、さして不自然ではあるまい。

図13 ルイス・フロイス像（長崎県西海市〈2007年1月8日撮影〉）

ベルナルド

『日本史（*Historia de Japam*）』の著者として著名な、ルイス・フロイスは、一五四八年から一五六二年までゴアに

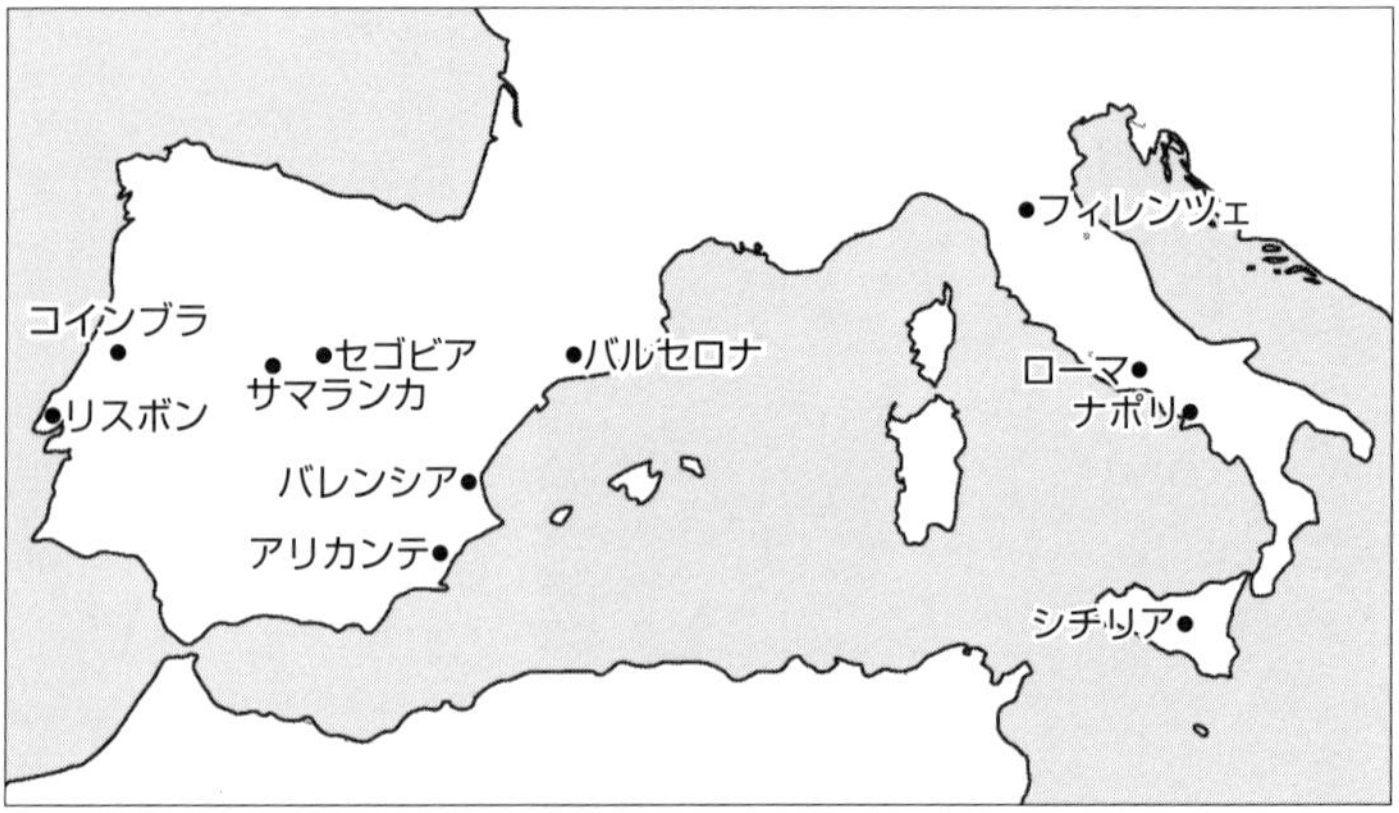

図14　ベルナルドのヨーロッパでの足跡

滞在したが、一五五一年にマテウスとベルナルドに出会い、彼らについて『日本史』第一部第六章に記している。マテウスは山口の生まれで、ゴアのコレジオ（サン・パウロ学院）で病死、ベルナルドはザビエルがサン・パウロ学院長ガスパル・バルゼウへ残した命令により、アンドレ・フェルナンデスとともにポルトガルへ派遣され、そこから教皇の足に接吻すべくローマへ赴き、再びポルトガルへ戻り、そこで生涯を閉じたとされる。フロイスは、マテウスの死を一五五二年一二月一日付書簡のなかでも報じており、同年にコインブラへ行くことになっていた二人のうちひとりと述べ、ベルナルドとともにマテウスの渡航が予定されていたことがわかる。

ベルナルドを「ローマを訪れた最初の日本人」「最初のヨーロッパ留学生」などと位置づける論者もいるが、ベルナルドの知識と経験が日本へ持ち帰られることはなかった。とはいえ、その派遣はイエズス会の主導で、ローマ教皇の足に接吻するためのポルトガル経由の旅だったこと、キリスト教世界を目のあたりにさせることが意図されていた点などは、まさに三〇年後の天正遣欧使節を彷彿とさせる派遣計画といえる。ただし、彼に「大使」の称号が認められた形跡はない。

彼らの渡航は一五五二年中の予定だったのだが、マテウスの病気によるためか延期となり、一五五三年三月にリスボンへ向けて出発の目途が立ち、同年九月には到着する（D. Elia 1959、一一頁）。リスボン到着後のベルナルドについては、彼がローマ訪問ののちに故国へ戻る決意で来訪したこと、しかしリスボン到着後には修道会で神に仕えることのほかは何も望んでいないこと、イエズス会への入会を望んでいることや、ヘロニモ・ナダールは彼をコインブラで学ばせる意向であることなどが伝わる（一五五三年一二月二日付イグナシオ・デ・アゼヴェド書簡）。その能力は高く評価されており、読み書きの能力に言及があることから、とりわけ語学力が人々を驚嘆させたことが想像される。また、ベルナルドが病気となりつつもリスボンへ到着、その後回復し、ナダールの意向によりイエズス会入会が許可されてコインブラで学んでいることもわかる（一五五四年二月一四日ディオゴ・ミロン書簡）。ミロンは、同年三月一七日に

図15　コインブラ（2001年11月20日撮影）

ベルナルドとアンドレ・フェルナンデスをローマへ派遣する旨を報告している。この背景には、ジョヴァンニ・ポランコおよびイエズス会総会長イグナシオ・デ・ロヨラの意向があったとみられる（D. Elia 1959、一四〜五頁）。

コインブラからローマへの旅は、ベルナルドにとって決して楽なものではなかった。彼は七月一七日にコインブラを発ち、ナダールに会うべくバルセロナへ向かった（一五五四年八月三一日コインブラ発ロヨラ宛フランシスコ・エンリケス書簡）。ところが八月末サラマンカで高熱と肝臓の痛みに苛まれる（同日付差出人未詳サラマンカ発ロヨラ宛書簡）。のちに回復し、セゴビアでふたたび倒れ、バレンシアから船に乗り、一二月初旬にバルセロナへ着いた。そこから船でシチリアとナポリを経て、一五五五年一月五〜六日頃にローマへ到着した。ローマにおける彼の行動は必ずしも多くを把握することができない。ラテン語の学習のほか、ローマ学院での雑用をしていたことが知られる程度である。それらのなかで、注目すべきは、ウェルツブルグ司教フェデリコ・フォン・ウィスベルクとの出会いであろう。一〇年あまりのちの一五六八年一〇月七日付ナダール書簡によれば、件の司教は、日本人ベルナルドによって日本語（xaponesa）とイタリア語で書かれたいくつかの手紙（renglones）を持っていた。手紙の内容には触れられていない。ベルナルドが日本語を含む手紙を残している点は、天正遣欧使節との共通要素ともいえる。ローマ滞在の最後には、教皇パウロ四世に拝謁したと伝えられる。

一五五五年一〇月一八日にルドビコ・ゴンザレス・デ・カマラに伴われ、他の一一名の学生とともにローマを出発し、フィレンツェなどを経て、翌年一月一日アリカンテ、二月一二日にリスボンへ到着する。その後、ただちにコインブラへ送られた。コインブラでの活動はさらに明らかではないが、一五五七年五月コインブラ発のフランシスコ・モンクラロ書簡によれば、三月三日にはじまる四旬節のはじめに病人が出、三名が死亡した。そのうちのひとりとして日本人ベルナルドの名が報告されている。

このように、不明な点を多々含みつつも足跡が追える事例として、ベルナルドがヨーロッパを訪れた最初の日本人とみて大過あるまい。彼は一貫して日本人と表現されており、インド人としては表記されてはいない点は、天正遣欧使節の場合との比較のために指摘しておこう。

天正遣欧使節以前の使節往来

室町時代の日本が、明や朝鮮、そして時として琉球とも書簡を往復していたことは比較的知られた事実に属する。しかし、ほぼ同時期の日本がポルトガルやスペインの統治領域にしばしば使節を派遣していたことはあまり知られてはいない。

一五四九年六月二二日マラッカ発ザビエル書簡が、日本の大領主がキリスト教徒になることを望み、神父の派遣を求める使節をインド総督に送ったとするが、詳細は不明である。その少し後、ベルナルドらとともに、ザビエルのインド帰還に同行した使節がいる。彼の名は欧文史料にはロウレンソ・ペレイラとして登場する。日本名は伝わっていない。ザビエルは、ベルナルドに結実する派遣計画のほかに、日本国王からの使者がインドへ送られ、商館が設けられるように努力すべきことを述べている

（一五四九年一一月五日付ドン・ペドロ・ダ・シルヴァ宛書簡）。使者の行先はインドとされ、目的は商館設置などの通商にあり、さらには「日本国王」からの派遣とされているため、ベルナルド計画とは別件である。どのような経緯でペレイラが選定されたのかなど、日本出発前の具体的な動きを知ることはできない。ザビエルは日本布教の最後に一五五一年九月なかばから一一月一五日まで豊後府内に滞在しており、この期間に派遣計画が進められたことは間違いない。大友義鎮はザビエルを豊後に引き止めることができなかったため、インド副王への表敬と友好のために使節を派遣することになったともいわれているためである（『日本史』第一部第六章）。「ロウレンソ・ペレイラ」はザビエルにより使者に与えられた洗礼名である。義鎮が受洗した一五七八年八月二八日の頃まで、インドへ使節として渡航した古くからのキリシタン、おそらくはペレイラが生存していたと伝えられる（『日本史』第二部第三章）。

その後、ひとりの日本人（hum japão）がインドへ到着し、ポルトガル国王ドン・ジョアン三世宛の国王（el-rey）書簡と武器を持参し、ザビエルが同伴したことが報告される（一五五二年一月二七日コーチン発、インド副王ドン・アフォンソ・デ・ノローニャ書簡）。名前などは記されていないものの、書簡を持参していること、一名であることが明記されていることから、ベルナルドとマテウスではなく、ペレイラだと思われる。同年一二月一日付のゴアの学院年報では、ペレイラと思しき人物が、日本から副王に会いに来た「大使（embayxador）」と表現される。

彼が持参した書簡の原文は伝わっていない。一五五四年五月付イエズス会インド副管区長メルシオール・ヌネス・バレト書簡によれば、彼が豊後の国王により派遣されたとあり、その書簡には、キリスト教徒になる強い希望、ポルトガル国王との友好関係、さらにはポルトガル国王の臣下となることを望む旨が書かれていた。ペレイラばかりではなく、山口の国王（大内義長）と平戸の公爵（松浦隆信）も書簡を送っている。義鎮の同書簡には、イエズス会司祭たちの活動が彼の領国において大きな成果をあげ、義鎮はそのことに大いに満足している由が書かれていたとする情報もある（同年一二月二三日ゴア発アイレス・ブランダン書簡）。

副王側は、これに対してフェルナン・メンデス・ピントを大使に、メルシオール・ヌネス・バレトを添えて派遣する。彼らは一五五四年後半にインドを出発し、曲折ののち、一五五六年七月はじめに豊後へ到着する（伊川 二〇〇七年）。派遣にあたって、インド副王は返書を認めたとされているが、詳細は明らかではない。『イエズス会日本通信』のなかに、一五五八年三月一六日付ポルトガル国王ドン・セバスチャンから義鎮へ宛てた書簡が収められており、ペレイラの派遣に対するポルトガル側の反応を知ることができる。先代のドン・ジョアン三世が義鎮のイエズス会士厚遇と遣使を喜び、彼の死により王位を継承したセバスチャンがその意向を伝える。今後も会士たちの厚遇を希望し、義鎮がセバスチャンに希望することは実施されるであろうことなどが記されている。義鎮は、こののちも、ニセヤ司教ドン・ベルショール・カルネイロへ二度、書簡を送り、硝石や大砲などの軍事支援を依頼、感謝している。二通目の一五六八年九月一三日付の書簡にはヂョゴ・バズ・ダラガンが使者としての役割を果たしていることが文末に示されているが、詳細は明らかではない。また、義鎮は一五七八年一二月二〇日付教皇グレゴリオ一三世書簡を受け取っている。

ザビエルやロウレンソ・ペレイラのインド行きにあわせて書簡を送った人物のもうひとりに松浦隆信がいる。隆信は、バレトがマカオで日本行きの可否を思案している期間に書簡を送り、イエズス会士を厚遇するとともに自身の入信の意向を伝え、来訪を希望する。この書簡は、バレトの来日には直接影響しなかったものの、一五七三年一〇月三日に教皇グレゴリオ一三世の書簡が隆信へ出されていることから、その後に通信を往復させたのかもしれない。グレゴリオ一三世は、同日付で大村純忠《おおむらすみただ》へも書簡を送っている。また、島津貴久は、一五六一年から一五六二年にかけて、イエズス会インド管区長およびインド総督へ書簡を送り、ポルトガル人もしくはイエズス会司祭の派遣を願っている。

このように、ロウレンソ・ペレイラを除いては、詳細を明らかにしえないものの、九州の何名かの領主が、インドもしくはポルトガルなどと書簡の往復をしていることが確認できる。そのなかに、天正遣欧使節の派遣者とされる大友義鎮および大村純忠の名前が登場している点にも注意を要する。

天正遣欧使節の誕生

アレッサンドロ・ヴァリニャーノの使節構想

『漢書』地理志にはじまる知的交流から説き起こし、日欧双方がどのように関係を築くにいたったかを概観してきたが、いよいよ天正遣欧使節の派遣計画が始動する。立案したのは、よく知られているとおり、イエズス会東インド巡察師アレッサンドロ・ヴァリニャーノである。彼の派遣計画は、長くみても出発の半年前の一五八一年九月頃以前に構想された痕跡はない。また、どのような過程で、ヴァリニャーノの構想が具体化したのかも詳らかではない。

図16　アレッサンドロ・ヴァリニャーノ
（Ferrante Valignani, *Vita del Padre Alessandro Valignani della Compagna di Giesu*〈Roma: Gaetano Zenobi, e Giorgio Placho, 1698〉2013年復刻版より）

しかしながら、一五八一年九月以降一五八二年二月までの期間に、伊東マンショ以下の四名および従者たちの人選がおこなわれ、大友義鎮以下三名の書簡が、真偽については諸説あるにせよ作成され、織田信長が描かせたといわれる安土屏風を持参することが決められた。この節では、派遣構想のほか、使節団出発前に進められた準備として、書簡と安土屏風、そしてそれに先だって未詳である人選の過程に代えて、使節四名の出自について整理をしたい。

ディオゴ・デ・メスキータは、ヴァリニャーノが一五八一年九月に堺を出発し、豊後・長崎滞在時に天正遣欧使節の派遣計画をたてたと証言する（『新』35）。イエズス会日本上長ガスパル・コエーリョは、有馬王（rei de Arima）の孫（nero. neto か）でかつ大村純忠の甥（sobrinho）と、豊後王の甥でかつ日向王の子（filho）に代えて、日向老王（rei de Fiúnga velho）の孫のほか、他の二人を巡察師とともにヨーロッパへ派遣することになったと記す（一五八二年二月一五日付イエズス会総会長宛書簡。『大』①30）。前者はミゲル、後者はマンショであることをうかがわせつつ、彼らの名は記されていない。また、「少年（mininos. meninos か）」と表現されている。派遣計画がいつ具体化したかについては、いくつかの可能性が考えられるが、右によれば少なくとも長崎出発前には一定の合意が形成されていたのであろう。

それにも関わらず、ヴァリニャーノ自身が派遣計画に言及した初見は、一五八三年一〇月二八日付イエズス会総会長クラウディオ・アクアヴィヴァ宛書簡である。この書簡はコーチンで書かれ、いまだ完訳が公にされていないが、おおよそ次のような内容である。該当部分の原文および邦訳は（伊川二〇〇七、二八〇〜二八二頁）をご参照いただきたい。ヴァリニャーノはアクアヴィヴァからインド残留を命じられたことへの混乱を表明し、その理由の三点目に天正遣欧使節に随行する責任が果たせないことをあげる。使節は「四人の少年たち（quatro niños）」と表現される。彼らは豊後王と有馬・大村の領主により派遣され、その目的は彼らの名により教皇の足に接吻して服従の意を表し、スペイン国王を訪問し、日本人をヨーロッパに紹介することにあると説明する。また、同時にヨーロッパを日本に紹介することも意図される。まさに知的交流であり、ザビエルの計画との類似点も多い。これらの計画は、ヴァリニャーノが同行することではじめて達成されると説き、インド残留命令への当惑をあらわにする。

ヴァリニャーノはなぜ、インドへ戻るまで派遣計画を明文化しなかったのであろうか。その理由はさしあたって二点想定することができる。ひとつは、彼ら自身が日本からインドへ行くのだから、わざわざ日本から書簡を送る必要はないとの判断がありうる。もうひとつは、天正遣欧使節は、日本を起点とし、日本へ帰国するものと考えがちであるが、ヴァリニャーノの構想は、それらとは違っていたのかもしれない。

先述のとおり、当時のポルトガル語における「インディア（インド）」は、日本を含むアジアの多くの部分を包み込む地域概念である。それを前提にするならば、使節の旅程の起点は長崎ではなく、ゴアに置かれると考えることもできる。彼らの世界観では、ゴアこそ右の意味でのインドの中心都市で、長崎は同じ地域に属する一都市に過ぎない、という発想はありうるのだ。だとするならば、ヴァリニャーノがコーチンへ至ってはじめて派遣構想を明文化したことは、派遣を急ぐあまりの拙速ではなく、むしろゴアを発着点に準備を本格化させようとした姿勢の表れだと解釈することもできる。

使節四名の出自

ヴァリニャーノの派遣計画に基づき、使節の人選がおこなわれる。とはいえ、その経緯は詳らかではなく、わずかに安土から伊東ジェロニモの召喚に失敗したためにマンショに白羽の矢が立ったことがわかるに過ぎない。本項では、それに代えて、使節四名の出自を先行研究に依拠しつつ整理する。

出自は四者四様であるが、ヨーロッパ側の情報である『ローマ市民会議決議』(以下、『市民会議決議』。『大』①355-360)および『ローマ市民権証書』の内容と、日本側史料を突き合わせるのが基本である。『市民会議決議』には、四人への市民権授与を決議したことにつづいて、彼らの出自が記されている。

伊東マンショの出自に関しては、松田毅一「天正遣欧使節の真相」(一九六五年)が参考になる。伊東・大友両氏とマンショとの関係系図は『寛政重修諸家譜《かんせいちょうしゅうしょかふ》』巻一一四(大友氏)・巻八九二(伊東氏)、松田一九六五年に基づき作成した。マンショは、シュリノスケ・マス・トノクリ王(Xurinosuque Masù Tonocuri)の孫で、日向王の娘の子と言われている(『市民会議決議』)。「シュリノスケ」は修理亮、「トノクリ」は都於郡であろう。ここでは修理亮とマンショの関係は祖父と孫であるが、同系統の史料であるローマ元老院文書では「シュリノスケなる父を有し(patrem habuit nomine Xurinosuque)」とあり、修理亮とマンショは父子の関係と語られる(松田一九六五年)。

伊東家周辺で「修理亮」を名乗る人物を探していくと、伊東修理亮祐青《すけはる》にたどりつく。祐青は、宮崎県国富町法華嶽《ほけだけ》薬師寺《やくしじ》の薬師堂の天井板に名を残す（松田 一九六五年、および松田 一九九九年）。この天井板は、天正三年（一五七五）八月六日に祐青が奉納したもので、裏面の祈願文には子である虎松・女子・虎千代麿・虎次良麿・虎亀麿の息災を祈る文言がある。平成二六年（二〇一四）に国富町指定有形文化財となった。

『市民会議決議』の「シュリノスケ」が、天井板を寄進した伊東修理亮祐青だとすれば、マンショは祐青の子「虎松、女子、虎千代麿、虎次良麿、虎亀麿」のいずれかだと考えられる。松田氏は、マンショが天正三年時点で六歳くらいであること、洗礼名ジュストを名乗る三歳年下の弟がいたことなどを根拠に、虎千代麿をマンショに比定する。だとすれば、マンショは、伊東義祐の孫となり、ヴァリニャーノが旧日向王の孫と説明している部分と符合する（『大』①30、『弁駁書《べんばくしょ》（Apologia)』）。ただ、『弁駁書』は、豊後王

図17　伊東マンショ（アンブロジアーナ図書館蔵『ウルバーノ・モンテ年代記』）

図18　大友・伊東氏系図（関係者のみ）

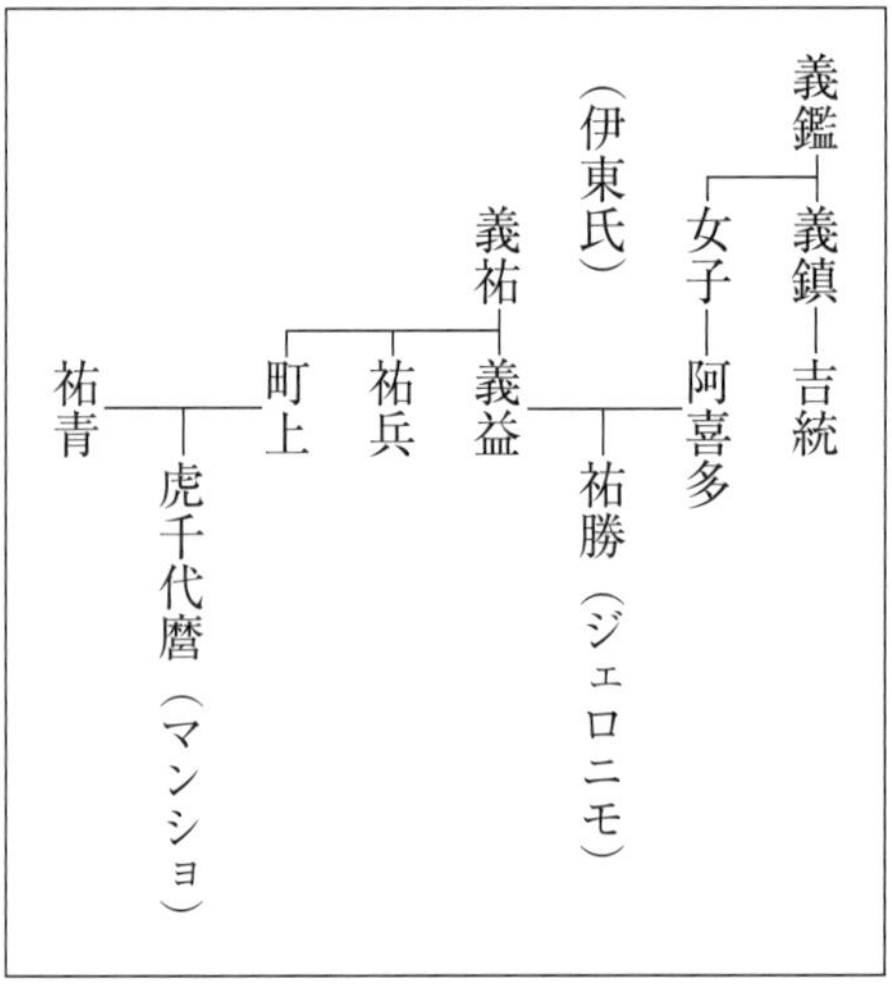

の甥であり、同じく甥の日向王の兄弟とも伝える。ペドロ・ラモンは義鎮の姉妹と結婚している日向の屋形（伊東氏）の親戚と述べている。これらの点は未詳である。

千々石ミゲルの出自は、『市民会議決議』では、エモノスケ・ナウォカズ（Iemonosuque Nauocazù）の子、千々石王の孫、有馬鎮貴《しずたか》の父方の従弟、大村純忠の甥と説明される。有馬氏の系図は『寛政重修諸家譜』巻七四五に基づき作成した。フィレンツェに現存する千々石ミゲルの市民権証書の写し（『大』①353-355）もほぼ同じで、ナウォカズ王家のセモノスケ・ナウォカズ（Semonosuque Nauocazu）の子、有馬王の従弟、大村純忠の甥とされる。父の名は市民権証書では「Semonosuque」、『市民会議決議』では「Iemonosuque」とあるが、「S」「I」「J」などは手稿本では判別が難しい場合もあることをふまえるならば、同一の官途、おそらくは左衛門佐とみてよい。このほか、先述ガスパル・コエーリョ書簡（『大』①30）は、有馬王の孫でかつ大村領主の甥と記し、『弁駁書』は有馬王の兄弟と説明する。

ミゲルの父は「ナウォカズ」とある。有馬氏系図には、有馬直員《なおかず》が登場し、彼は千々石直員の養子となり、元亀元年（一五七〇）に竜造寺隆信との戦いの際に有馬義直《よしなお》を援けて戦死した。官途は左衛門尉である。ミゲルが直員の子であるならば、直員の兄が大村純忠であるから、純忠からみてミゲルは甥である。また、有馬鎮貴は、直員や純忠の兄、義直の子である。したがって、直員の子のミゲルと鎮貴は従兄弟同士ということになる。これらの点は欧文史料の記述と一致する。大村家の史料では、千々石清左衛門がローマへ派遣された旨がみえ、ミゲルは日本名「清左衛門」を名乗っていたことがわかる。ただし、それは浜田耕作氏が説くように（『天正遣欧使節記』）通称というべきものだったのか、

図19　千々石ミゲル（ウルバーノ・モンテ年代記）

図20　有馬氏系図（関係者のみ）

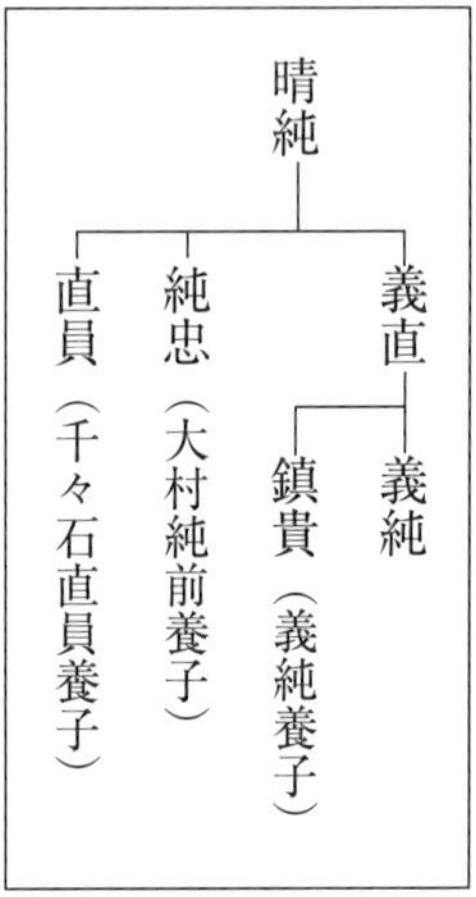

松田氏が述べる如く（松田 一九六五年）後になっての名乗りであるのかは未詳である。

原マルチノについては、郷土史家の橋口佐登司氏が「天正遣欧少年使節―原マルチノのルーツを探る―（一～三）」（一九八三～四年）で「藤原姓原氏族譜」を紹介し、出自を考察している。本書の系図もそれに拠っている。『市民会議決議』では、ジュリアンの出自として、肥前国ナウカリ（Naucarini）の首長たるファラニ・ナカヅカラ（Farani Nacazucara）の子とあり、市民権証書の記載と一致する（『大』①351）。これは明らかにマルチノとジュリアンを混同した内容であるが、父が「ファラニ・ナカヅカラ」とされている点は注目に値する。イエズス会本ではマルチノとジュリアンの混同はない（『新』79-81）。「ファラニ」は原であろう。橋口佐登司氏が紹介した「藤原姓原氏族譜」には、原純一の官途が中務太輔《なかつかさたいふ》、その子の家政《いえまさ》（六左衛門）が大村喜前に仕え、のちに佐賀へ移り山崎勘解由《かげゆ》を名乗ったとある。『市民会議決議』の「ナカヅカラ」が中務であるならば、その子家政がマルチノである可能性が推定できる。そして、家政の事績には、原六左衛門の名と、後に山崎勘解由と改めたこと、はじめは大村喜前に仕えたが、のちに佐賀藩の家臣となり名も山崎と改めたことが記されている。系図の信憑性についてなど、未解決とされる点もあるが、松田毅一氏も系図に中務太輔の語を見出して「欣喜雀躍」の思いだったことを告白しているように（松田 一九九九年）、欧文史料と系図の符合は興味深い。そのほか、ヴァリニャーノ『弁駁書』では大村領主と結婚した姉妹がいるとされる。

最後の中浦ジュリアンについては、小佐々《こざさ》学氏が小佐々氏の一族であるとの見解を提示している。系図も後掲論文に拠っている。『市民会議決議』では、マルチノの出自として、肥前国ファサミ（Fasami・波佐見）の首長ナカウラ・ズィングロ（Nacaura Zinguro）の子といわれている。ヴァリニャーノ『弁駁書』では、平戸と大村の境界の砦の領主の子であったが、大村純忠と平戸領主との戦いで砦を失ってしまったとされる。

図21　原マルチノ（ウルバーノ・モンテ年代記）

図22　原氏系図

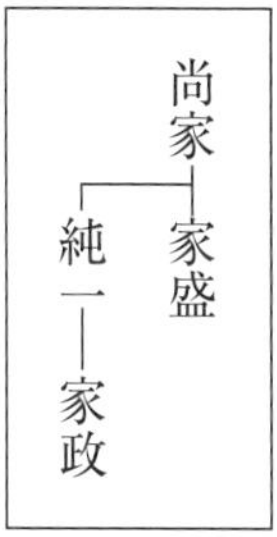

図23　中浦ジュリアン（ウルバーノ・モンテ年代記）

図24　小佐々氏系図

純勝┬純吉―甚吾
　　└純祐

欧文史料の記事および系図などの情報から、ジュリアンの出自を推定したのが、小佐々学「天正遣欧少年使節『中浦ジュリアン』の出自について」（一九八九年）である。小佐々説に関する私見は、拙稿「天正遣欧使節の史料学」（二〇〇八年）に略述しているため、再論は控えるが、同項の要点は次の二点である。純勝・純吉・純祐が中浦城主となっているように、当時中浦を領有していたのは、小佐々氏であった。また、永禄一二年（一五六九）宮村の合戦で討ち死にした小佐々純吉が甚五郎と呼ばれ、彼がジュリアンの父であるというのだ。

大友・有馬・大村の書簡

天正遣欧使節は大友義鎮・有馬鎮貴・大村純忠の書簡を持参した。とりわけ公開枢機卿会議のなか、教皇グレゴリオ一三世に捧げたことは印象深い。伊東マンショが義鎮の、千々石ミゲルが鎮貴と純忠の書簡を捧げる役割を担った。

　はじめに大友義鎮の書簡をみることにしよう。使節団の出発直前もしくは滞在中の日付を有するもので、現存が確認できるのは、一五八二年一月一一日付フェリペ二世宛、教皇グレゴリオ一三世宛、イエズス会総会長クラウディオ・アクアヴィヴァ宛、一五八四年一一月七日付グレゴリオ一三世宛、同月二〇日付アレッサンドロ・ヴァリニャーノ宛の五通である。これらの書簡のうち日本語文については、その真偽を疑問視する見解もある。松田毅一氏は次の四点を指摘する（松田一九九九年）。第一に、イエズス会総会長宛書簡日本語文中に登場する「伊藤せらふにも」の表記や、彼を義鎮のいとこであるとする点に錯誤がある。「伊藤せらふにも」は、現在は通常「伊東」ジェロニモもしくは伊東祐勝《すけかつ》と表現され、「伊藤」を誤記とみなす。用字ばかりではなく、彼を義鎮のいとことする認識も誤りだとする。先の大友・伊東氏系図によれば、ジェロニモは、義鎮の姪阿喜多《あきた》の子であり、いとことみなして差し支えない。第二に、義鎮の花押は永禄七年（一五六四）から元亀三年（一五七二）に使用されたもので、使節派遣前後のものとは異なる。第三には、右書簡の筆跡が有馬鎮貴や大村純忠の書簡や、使節団が旅先で残した日本文書簡の筆跡とも類似することから、これらは日本人修道士ジョルジェ・ロヨラによって記された可能性を指摘し、ヴァリニャーノが長崎で書かせたものと推定する。最後に、有馬・大村の書簡の日付が、義鎮のそれより一六日後の一月二七日付となっている点について、これは和暦の日付で、西暦に換算すると二月一九日となり、出発の前日にあたると指摘する。当時の用字慣行を考慮すれば、「伊東」を「伊藤」と書いている点は文書の真偽に影響するとは考えられない上、有馬鎮貴の書簡で一月二七日付のものは管見では確認できない点など、松田氏の指摘にも一考を要するものの、論点は多岐にわたるため、本書において残余の指摘の当否にはふみ込まない。

一五八二年一月一一日付フェリペ二世宛書簡（『フ』190-191）は、管見の限り日本語文の現存は確認できない。フェリペが統治するスペインについては、義鎮もイエズス会司祭から聞いていたものの、航海の困難と行程の長さから今日まで通交することができなかった。いま「パードレ・ヴィジタドール（padre visitador）」が来日し、二年間よき指導をうけた。「ヴィジタドール」は、イエズス会（東インド）巡察師のことで、この場合ヴァリニャーノをさす。ここに甥の伊東ジェロニモを派遣し、教皇の足へ接吻し、国王陛下に拝謁させることを決意したが、彼は都に住んでいるため、その従弟のドン・マンショをパードレ・ヴィジタドールに同行させたと説明する。この地方のことはヴィジタドールならびにマンショが述べると書簡を締めくくる。

教皇宛書簡も日本語文の現存は確認できない。スペイン語訳（『儀典日誌』。『大』①239-241）などの欧文が伝わるに過ぎない。三四年前に来日した司祭たちは世界の救主の神聖な種子を播き、義鎮も種子を受け入れるべきひとりとなったと述べる。一五八二年から三四年前は一五四八年であり、やや年次にズレがあるが、ザビエル来日に言及する。スペイン歴史学士院本は三〇年前としている（『大』①312）。もし、交戦中と病弱とでなければ直接出向いて「服従（obedientiam）」を表明し、教皇の足に接吻するべきところだが、甥である日向王の子、伊東ジェロニモを派遣しようとしたが、遠国へ住んでいるためそれもかなわず、そのいとこであるドン・マンショをパードレ・ヴィジタドールに同行させたと説明する。学士院本には「服従」の語はみあたらない。教皇へ感謝の意を述べ、日本の諸国のことはヴィジタドールならびにマンショが述べると書簡を締めくくる。

イエズス会総会長宛書簡も、右をやや簡略化した程度でほぼ同内容である。日本語文が京都大学総合博物館に保存されている。それ（『大』①318-319）によれば、「備慈多道留（visitador）」が派遣され、実教之道理を説くことは非常にありがたく思い、我らのいとこである日向の伊藤せらふにもを備慈多道留に同行させようと考えていたところ、彼は遠国に住んでいてかなわず、いとこのマンショを渡海させることになった。詳細は備慈多道留ならびにマンショが述べる、というのがその内容である。伊藤せらふにもが、伊東ジェロニモであることは先述した。「豊州屋形　不龍獅子虎（フランシスコ）」との名前の下に判を加える。イエズス会総

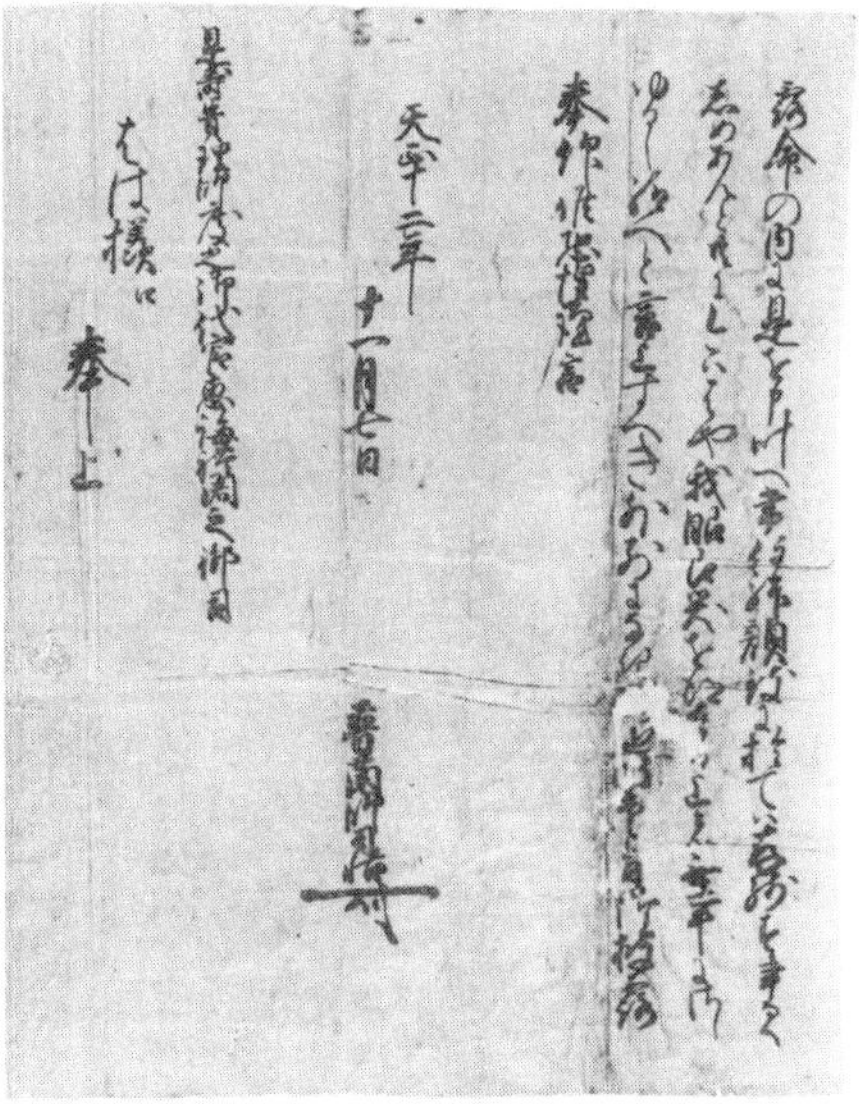

図 25　ローマ教皇グレゴリオ 13 世宛大友義鎮断簡（東京大学史料編纂所編『大日本史料』11―別巻 1〈東京大学、1959 年〉図版 320 頁の後）

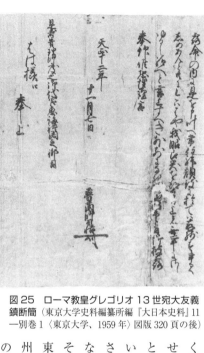

会長宛であるというこの文書の特殊事情を考慮しても、「豊州屋形」という肩書きは一般的ではない。「備慈多道留」とは「ヴィジタドール」すなわちヴァリニャーノである。スペイン語訳（『大』① 316-317）もおおよそ同趣旨であるが、「せらふにも」はいとこではなく「甥（sobrino）」と表現され、遠国ではなく都（Meaco）に住むとされる。肩書きは「豊後の王（Rey de Bungo）」となっている。「屋形」を「Rey」と訳したことになるが、「屋形」は、ヨーロッパにおける強大な公爵に相当するとの見方もある（『サ』138-139）。『サンデ』はヴァリニャーノの原著といわれているが、はたして、ヴァリニャーノは「王」と「強大な公爵」のどちらを至当と考えていたのだろうか。彼はその派遣計画のなかでも使節団は「豊後王」などによって派遣されると明言している。

天正一二年（一五八四）一一月七日付教皇宛書簡（『大』① 320-321）は、日本語文が京都大学総合博物館に保存されている。全文ではなく最後の一紙のみの断簡である。この書簡が書かれたころ、使節団はローマへむけてヨーロッパを旅している。書簡は「拝顔」などの文言から教皇謁見を求めていると思われるほか、内容は定かではない。日付は西暦表記ではなく和暦によっており、「普蘭師司怙（フランシスコ）」と洗礼名を書いているのは、先述の和文書簡と異なる特色である。筆跡、花押も異なるようにみえる。

一五八四年一一月二〇日付ヴァリニャーノ宛書簡は、一五八二年の日付をもつヴァリニャーノ書簡への返書として書かれた（岡本・チースリク・柳谷訳 一九六一年）。該当するヴァリニャーノ書簡は未詳だが、マカオから義鎮へ発せられたものがあったのであろう。この義鎮書簡について、まず指摘しなければならないことは、使節行について一言もなされていないことである。ただ、ヴァリニャーノを通じて、聖なる十字架の一木片だけでも拝領したいこと、フランシスコ・ザビエルを福者に列する件について教皇にお願いして欲しいことが書かれており、ヴァチカンとの連絡を意図していたことがうかがえる。福者とは、模範的生活を送った者に死後に与えられる崇敬の対象としての称号で、聖人の前段階としての性格をもつ。後者については一五八三年に総会長宛の書簡を送ったことが記されているが、該当する書簡は未詳である。

有馬鎮貴は一五八二年一月八日付で教皇グレゴリオ一三世に、同年二月八日付でフェリペ二世（文面上はポルトガル国王）に書簡を認めている。ともに日本語文は現存が確認できない。教皇宛書簡（『大』①241-242）では次のように述べる。一五八〇年の四旬節の頃に戦禍に遭い、尊敬すべきヴィジタドールにより救霊の正道を得、洗礼を授かった。戦禍の年は学士院本では一五八一年とある（『大』①314）。教皇聖下は全世界のキリスト教徒を牧するがゆえに、その地へ参拝し、地にひれ伏して「服従」をいたし、その足に接吻することを渇望しているが、種々の支障のためにできない。そこで従弟のミゲルをヴィジタドールに同行させて敬虔と服従の義務を尽くそうとしていると述べる。学士院本では「恭しく（con mucha humildad）」と言われてはいても、服従の語はみあたらない。また、日付も同月一一日とされる。

フェリペ二世宛の一五八二年二月八日付書簡（『フ』191-192）では、イエズス会司祭およびポルトガルの支援によって、鎮貴の領国に真の教義が持ち込まれ、一五八一年の戦乱の暗黒も、パードレ・ヴィジタドールの支援と説法により光明に変わった。スペインにおける国王陛下の権力と地位、さらにはキリスト教への保護については当地でも知られている。ここにパードレ・ヴィジタドールに従弟ドン・ミゲルを同行させ、教皇の足に接吻させ、また陛下に謁せしめようとする。当地のことは彼らが話すであろう、と締めくくる。

大村純忠は、一五八二年一月二七日付でフェリペ二世（文面上はポルトガル国王）、教皇グレゴリオ一三世およびクラウディオ・アクアヴィヴァ宛の三通の書簡を認めている。フェリペ二世宛の書簡（『フ』192-193）では、イエズス会士やポルトガル人らにより真実の教えが日本に持ち込まれ、さらにパードレ・ヴィジタドールの来日は歓喜であり、その帰国に甥のドン・ミゲルを同行させ、教皇の足下に叩頭させ、また国王陛下に謁してその指示を受けさせようとした。純忠はフェリペとともにキリスト教徒の団結をはかりたい。フェリペの光彩は我地方でも知られている。他の諸事については、パードレ・ヴィジタドールおよびドン・ミゲルが伝えるであろうと述べる。

教皇宛書簡（『大』①242-243）は、全世界のキリスト教徒の指導者たる教皇聖下の足に接吻するべきところ、種々の理由によってそれはかなわない。ヴィジタドールの帰国に際し、我が甥ミゲルを同行させ、足に接吻させたい。私と日本のキリスト教徒を称誉されることを懇願する。委細はヴィジタドールならびにミゲルが申し上げると結ぶ。学士院本も大差はないが、末尾を「誠恐誠恐敬白（Xeiquiô. Xeiquiô Viamatte mousu）」としている点は、日本語原文との対照を感じさせる。アクアヴィヴァ宛書簡は、日本語文が京都大学総合博物館（『大』①319-320）に残されている。趣旨は教皇宛とほぼ同じで、「鈍波留登路銘（バルトロメオ）」の洗礼名の下に花押を据えている。スペイン語訳（『大』①317-318）もほとんど変わらない。

三大名の書簡を比較すると、①イエズス会などの尽力により日本に真実の教え、すなわちキリスト教が伝来し、②その恩恵に謝するべく自ら渡航して教皇に謝意を示すべきだが諸般によりかなわず、③ヴィジタドールすなわちヴァリニャーノの帰国に際して使者を教皇のもとへ同行させ、④委細はヴァリニャーノと使者が申し上げる、というのが基本的な内容である。公式枢機卿会議での謁見を前に、彼らを大使として処遇し、公式の場で教皇と会見するか、あくまで私的に会うかの可能性が議論されるが、大使として遇する判断へ傾いた決定的要素は彼らが教皇へ服従を誓うか否かであった。右の書簡のなかで、教皇へ服従を誓うことが明記されているのは、大友義鎮と有馬鎮貴の教皇宛書簡である点は興味深い。しかもそれは、学士院本ではなく、ヴァチカン側の史料である『儀典日誌』のみに「服従」と記されている事情については、いくつかの可能性が想像できるが、ここでは相違を指摘するに留めたい。松田毅一氏は、これらの書簡が長崎で準備されたと論じつつ、筆者がジョルジェ・ロヨラだった可能性をにおわせる。もし、ジョルジェによる作成が可能であったとすれば、ヨーロッパ到着後に服従の文言を他の書簡にも挿入し、書き直すことも可能だったはずであるが、大村純忠書簡や学士院本に服従の文言がない点は、松田氏の推測への反証となるべきか、別の事情を想定すべきかは後考をまつほかない。

幻の安土屏風と垣間見えるノブナガの影

人選と書簡のほか、使節団の出発に先立って準備されたと思しき要素がもうひとつあるとするならば、安土屏風であろう。『ウルバーノ・モンテ年代記』は、日本の首都ナブナンガ（Nabunanga）を描いた絵画が教皇に贈られたと記す（同年代記についてはⅣ章で詳しく述べる）。寸法は高さ二ブラッチョ（約一二〇センチ）、幅四ブラッチョといわれる。「ナブナンガ」は、織田信長とその城下町安土を混同した単語であることはいうまでもない。信長がヴァリニャーノへ贈った絵画があり、その中に安土の広大な城壁を描いたものがあり、教皇へ献上したとする記事もある（『サ』438）。ミゲルの発言として、この絵は教皇の尊厳には遠く及ばない贈り物に過ぎなかったが、教皇は大いに喜び、ヴェルヴェデーレの中庭（Belvederium）につづく画廊への陳列を命じたと解説する。「画廊」は位置から類推すると、現在地図の回廊（Galleria delle Carte geografiche）ではなかろうか。教皇のほかに、フェリペ二世への贈呈のために屏風が用意されたようだが未詳である。

安土屏風についてもっとも詳細に記しているのは、『バルトリ』（『大』①203-205）であろう。屏風という二枚の家具のうち、ひとつは安土山の新市、すなわち城下町、もうひとつは難攻不落の城を描いている。これは当代もっとも巧みな絵師が千度描き直して、ようやく信長が満足するものとなり、信長も大切にし、わずかな人びとにしかみせなかった。屏風をみた中のひとりに内裏、すなわち天皇がいて、しきりに所望したが信長は応じず、ヴァリニャーノに与えた。信長はこの屏風を世界で最も秀逸なものとみなしたため、これをヨーロッパにみせようとしたのである。ヴァリニャーノが屏風

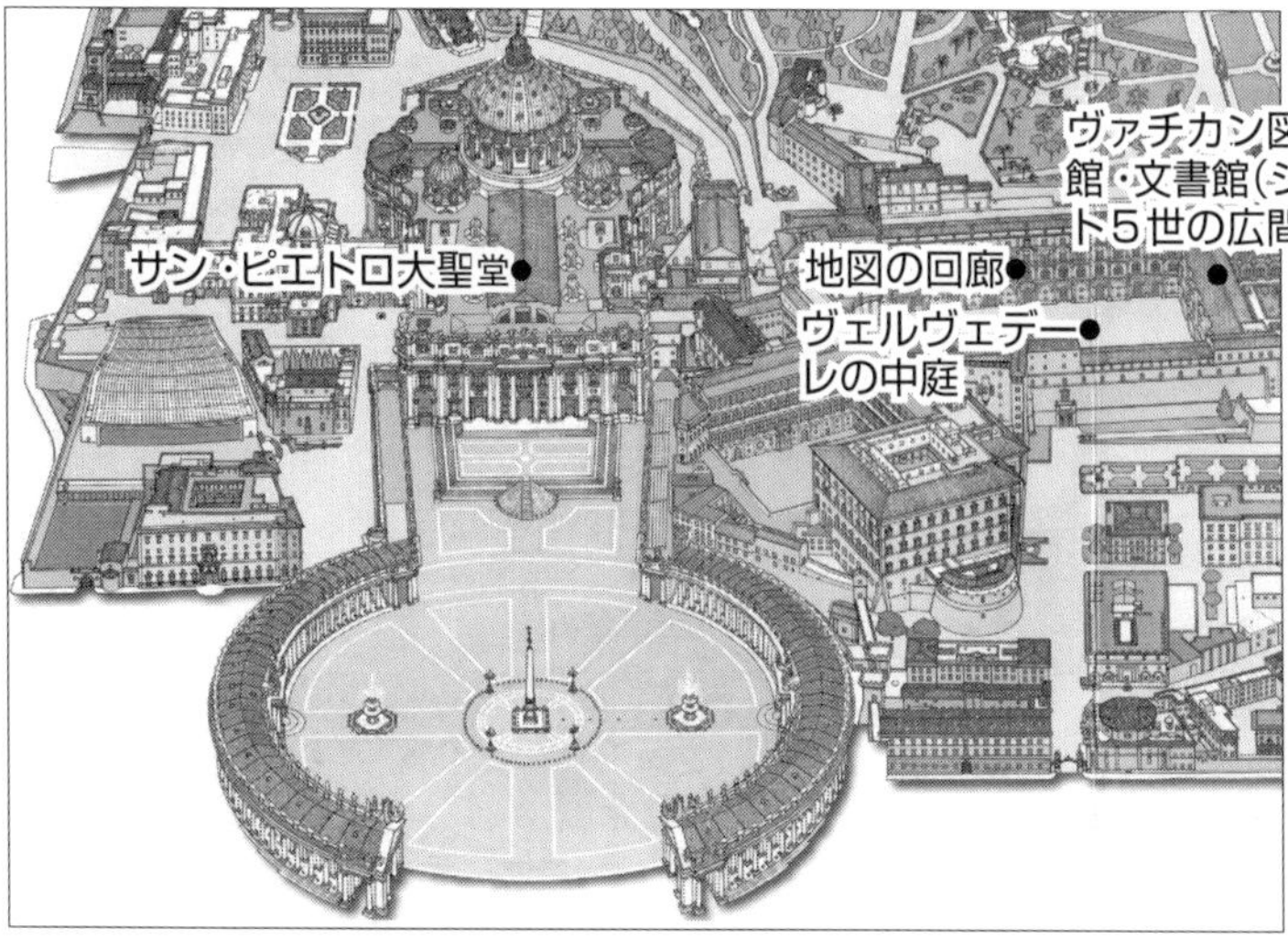

図26　サンピエトロ大聖堂から中庭へ

を受け取ったことは大変な名誉ではあるが、都・堺・豊後のいずれでも屏風をみたがる人びとが多く、ついに公開をし、みたい者がみられるようにした。使節から屏風を受け取った教皇は、陳列館に置くことにしたという。「あつちのてい（安土の体）」を狩野源七郎（松栄）に描かせて、信長が内裏の見参に入れたことは日本側情報でも確認できる（『御ゆとのの上の日記』天正八年八月一三日・一四条）。時の天皇は正親町天皇、天正八年は西暦一五八〇年、使節団出発の一年半前の出来事であった。

このように、屏風がヨーロッパへもたらされた背景には織田信長の存在があり、使節団の出発が、本能寺の変の五ヶ月前のこととはいえ、信長の意向がなんらかの形で反映した可能性はあるだろう。使節団はエヴォラ大司教に、オルガンティーノへ宛てた信長の書簡をみせた（『フ』98）という。その内容は明らかではないものの、信長の書簡を携

図27　安土城址(2008年4月8日撮影)

帯していたことは注目に値する。前項で登場した伊東・ドン・ジェロニモとおぼしき人物は、一四歳ほどで、ヴァリニャーノによって安土のセミナリオへ送られたが、長崎からの遠さゆえに使節団に加えられなかった(『大』①33)。かりに、彼が加わっていれば、信長が派遣者に名を連ねていたのかもしれないが、想像の域を出ない。

Ⅲ 天正遣欧使節の旅

画：寺崎武男・連作キリシタン文化史的絵画―天正少年使節伝－羅馬・ヴァチカンへの行列
（青山学院資料センター蔵）

長崎からイベリアへ

長崎からコーチンまで

いよいよローマへの旅がはじまる。織田信長が本能寺の変に斃《たお》れる約四ヶ月前、ローマを目指して長崎を発った一〇代半ばから後半だった彼らは、現代の感覚からしばしば「少年」とよばれることがあるが、当時の日本の感覚にはそぐわない。ミラノ滞在時には、伊東マンショ二〇歳、千々石ミゲル一八歳、原マルチノ一七歳、中浦ジュリアン一七歳、長崎出発から三年後の年齢である。イタリアの古文書などでは「若者たち（giovani）」と表現されることがあり、引率者ディオゴ・デ・メスキータは、長旅に耐える体力があることを「少年」を選んだ理由として説明する（『新』36）が、ことさらに強調すべきことだろうか。

いずれせよ、天正一〇年（一五八二）二月、彼らは長崎を発った。イエズス会のインド認識が先述のようなものであったにせよ、彼らの実際の旅が長崎からはじまることに違いはない。帰国は天正一八年（一五九〇）七月のことで、よく知られているように、すでに天下の大勢は豊臣秀吉の手に帰し、バテレン追放令によってカトリック布教は制約を受ける時代に突入していた。

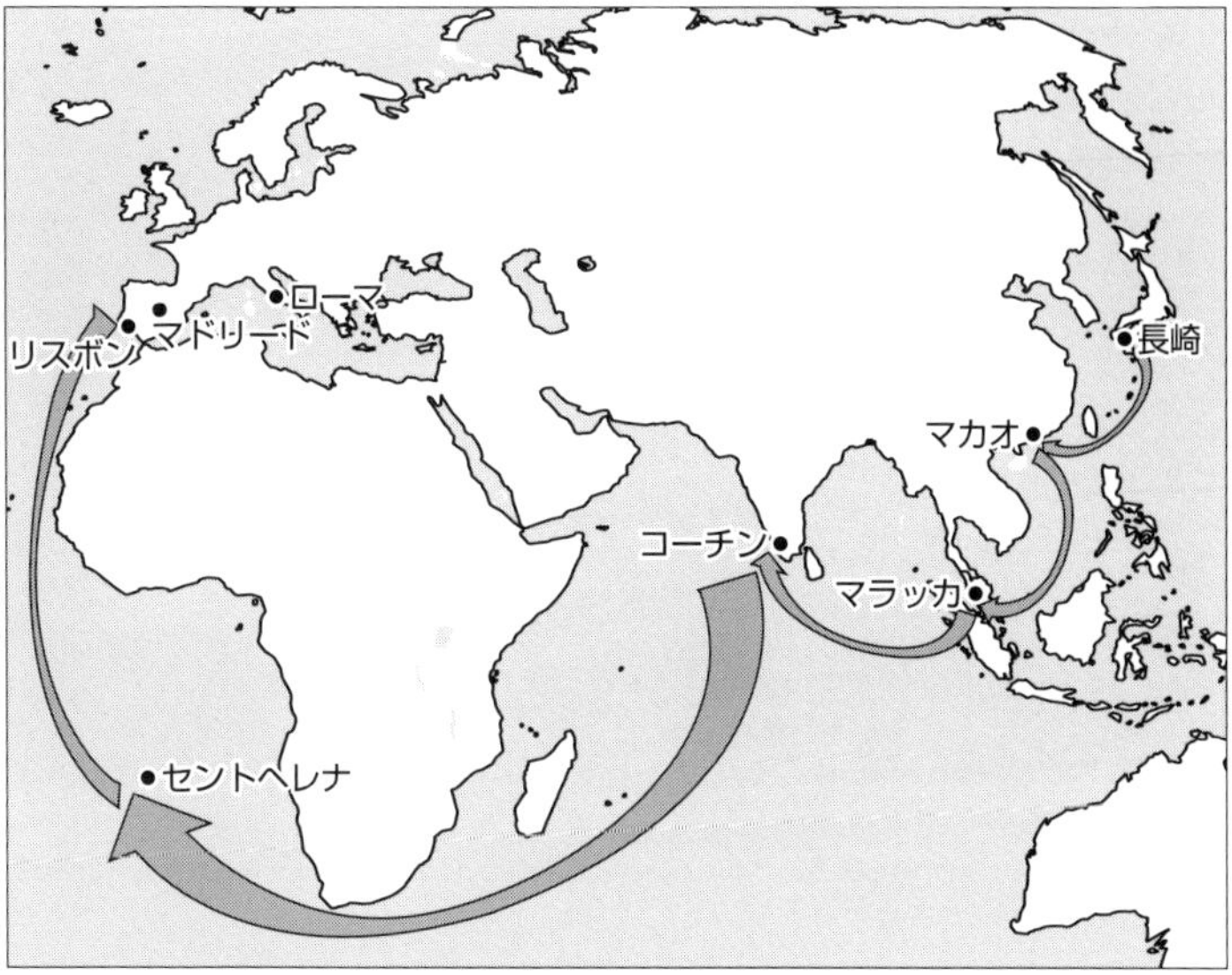

図28　長崎からリスボンまでの航路

イグナシオ・デ・リマの船で長崎を出港したのは、天正一〇年正月二八日（一五八二年二月二〇日）とも（『サ』17。『新』37）、その八日後とも（『フ』6）いわれる。マカオの到着日から逆算すれば二〇日が自然である。使節団にはアレッサンドロ・ヴァリニャーノ（巡察師）と、その盟友オリヴィエロ・トスカネルリが同行した。航路は海の浅さゆえ、強い風と波に苛《さいな》まれた。次第に中国沿海の島々がみえるようになり、三月九日にはマカオへ到着する。上陸後はイエズス会の僧院にて、人びと、司教、および総督から歓迎された（『グ』129）。僧院には司祭、イルマンなど二二名がいた（『新』38）。

マカオの住民の大部分はポルトガル人であった（『サ』22）。当初は、中国側が国を奪われるのではないかという警戒心のため、ポル

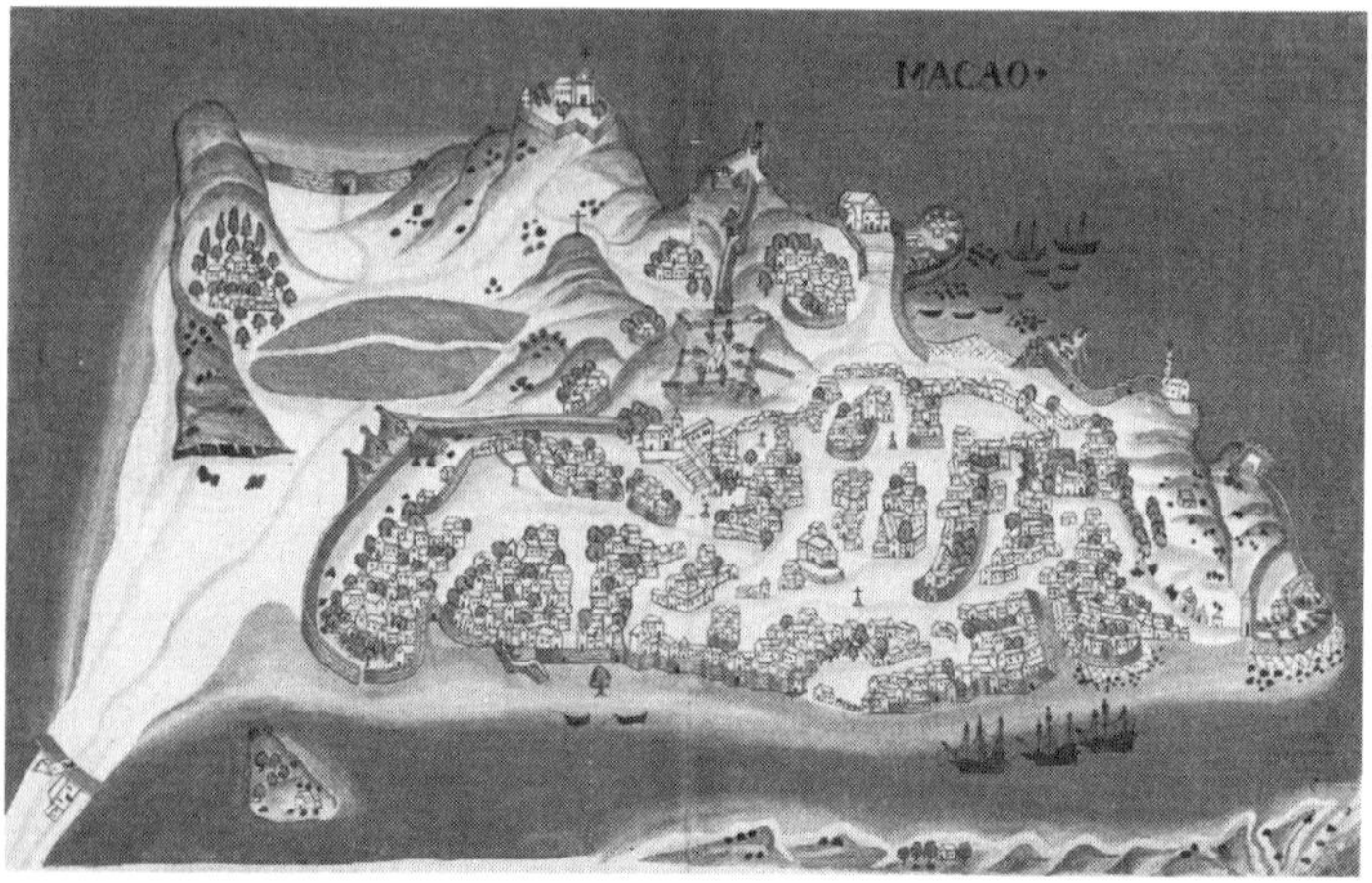

図29　マカオ（António Bocarro, *O Livro das Plantas de Todas as Fortalezas, Cidades e Povoações do Estado da Índia Oriental, III*〈Lisboa: Imprensa Nacional-Casa da Moeda, 1992〉）

トガル人たちも閉じ込められるように貿易をしたものが、徐々に住宅の建設を許可され、華人のなかにも移住者が現れ、東洋の各国から商人が集まる一大商業地となった。中国側が国を奪われると警戒している点は、海禁政策をポルトガル側から解説したものとして興味深い。マカオでは、風待ちのため、快い住居をあてがわれ、（ラテン語の）読み書き、演奏、イエズス会士との交流に一〇ヶ月を費やした。

マカオ出発は一二月末日の正午のことであった（『グ』40。『新』39）。長崎からの航路につづき、使節団はイグナシオ・デ・リマの船を選択した。出港後まもなく、アイナン（Ainan。海南島か）に立ち寄る（『グ』41）。シンガポール海峡の狭さは、ダーダネルス海峡やボスポロス海峡とも比較にならない難所のひとつであった。この地域の漁夫は色が黒く、ほぼ裸体で、漁獲によって生計をたてている。これに関連して、身分の卑しい者の肌が黒いとする見方があるが、それを誤りと断じ、肌の色は気候・風土に影響されるのだと説明する点は注目される（『サ』27-30）。前章でみたように、来日したアフリカ系黒人のカフレ人が崇拝の対象となったことは、ジョルジェ・アルヴァレスが伝えるところであり、日本における黒人観に配慮した記述なのかもしれない。ゴア到着後の箇所では、気候のほかに遺伝や天上からの力が、黒い肌をつくる要因となされた上で、それを「欠点」と位置づける（『サ』65-72）。日本人や華人の目が小さく、鼻が低いことがヨーロッパ人との違いであることを指摘する（『サ』71）点とあわせて、当時のヨーロッパ側の美意識らしきものが垣間見える。

一五八三年一月の終わりにマラッカへ到着したが、二月四日には出発する（『グ』44。『新』41）。滞在期間は八日間といわれている（『サ』32）から、おおよその到着月日を知ることができる。ここでも市長、司令官やイエズス会士らによってもてなされた。マライ人（Malaij）がポルトガル人と睦まじく暮らすという。

コーチンへの航海の途上、伊東マンショが熱病に冒されるが、ヴァリニャーノの介護などの甲斐あって快方へ向かう。そののちにスマトラ島付近の島をみて、セイロン島のコロンボ港に寄港した。コモリン岬に接近した際にはシンガポール海峡同様に慎重に航海をつづけたが、回航には至らず漁夫海岸とよばれるインド亜大陸東海岸の地域へたどり着き、現地のイエズス会士と接触し、トリチャンドゥリウム（ティルチェンドール・Tiruchendur）、マナパル、トゥトコリーヌム（トゥティコリン・Tuticorin）などの町に数日滞在し、そこから輿《こし》に乗り、陸路西海岸へ向かい、ふたたび海路クーラン（コーラム。

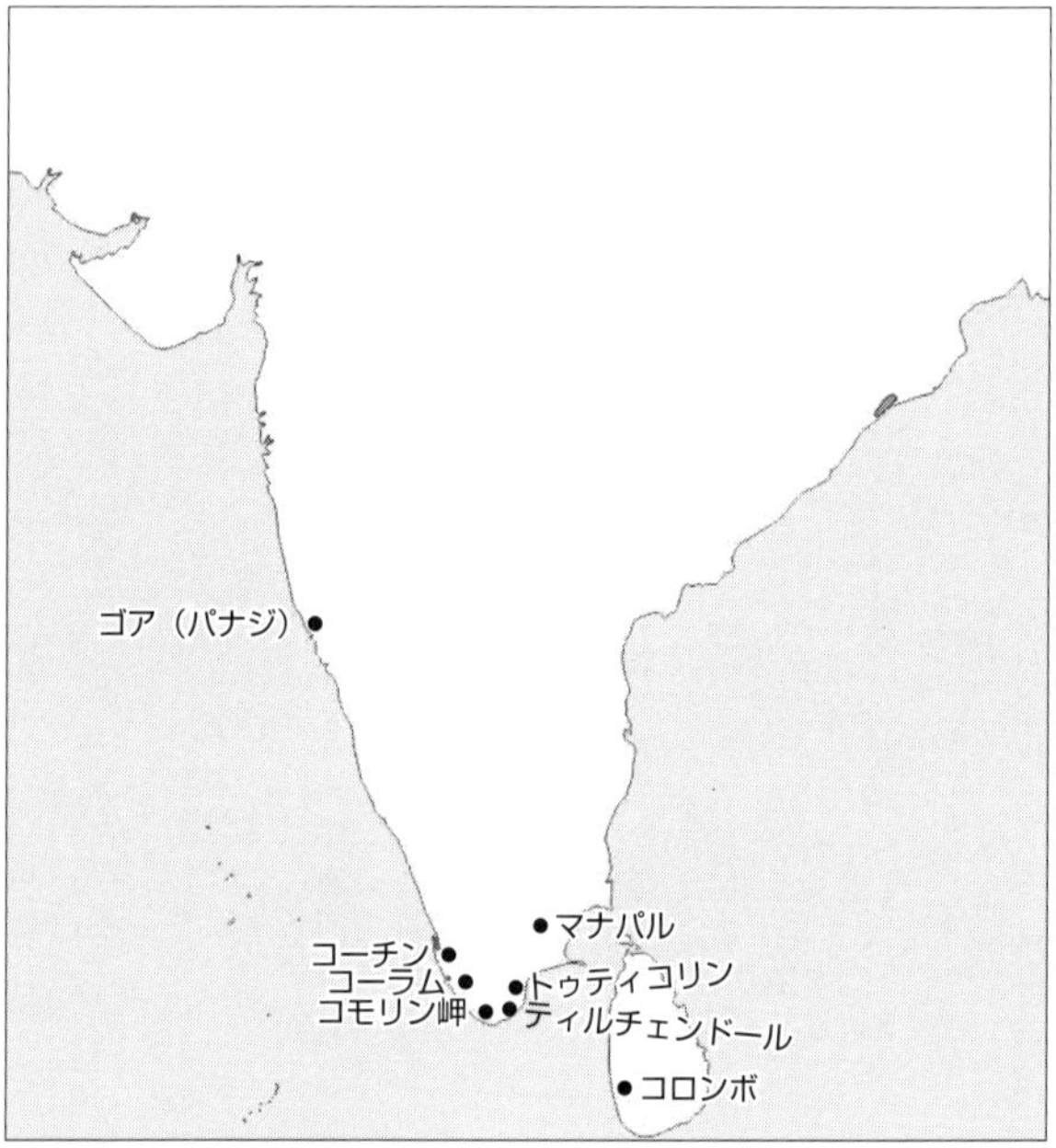

図30　インド亜大陸

Kollam）を経由して四月にコーチンへ到着した。トリチャンドゥリウムでは司祭や信徒の歓迎を受けて、四旬節を祝い、三、四日間滞在して休息した。病であったメスキータやアゴスティーニョ等は、トゥトコリーヌムへ残して、ヴァリニャーノたちは陸路を行くことになった。マナパルでは復活祭を祝ったとあるから、おおよその滞在日を知ることができる（『グ』46-49。『新』42）。メスキータたちは、五月三日にコーチンへ着く（『新』45）。この旅は快適であったとも（『サ』38-41）、強盗の危険を伴う艱難辛苦の旅（『グ』『新』）だったともいわれている。快適旅の文脈ではヴァリニャーノたちがクーランで乗船の時に海賊に襲われそうになったことが語られているのに対し、艱難辛苦《かんなんしんく》旅の脈絡では、クーランまで輿で旅をし、メスキータたちが遅れてコーチンへ向かう際に、剣をもった二名に襲われそうになったこと、高波の危険があったことが記される。全体において一致することの多い両者の記述が、ここでは矛盾はしないまでも、異なっている点が興味深い。

コーチンからリスボンまで

図31　コーチン（2004年12月3日撮影）

コーチン（現在はコチ Kochi という）へは一五八三年四月から一〇月まで滞在する。インドにおけるポルトガル最初の拠点であり、一五三〇年にゴアへ移転するまではポルトガル領インドの中心都市であった。都市建設は、ザモリヌス王とコーチン王との戦争が展開する中、ポルトガルは後者と同盟を結び、ザモリヌスに多大な損害を与えたことにより許可された（『サ』43-44）。コーチンでは学習に余念がなかったこと以外の行動は明記されていない。学習内容はマカオ同様にラテン語・音楽・歌謡であり、とくに音楽は日本で喜ばれるために学習したといわれる（『グ』52）。この地には二五名のイエズス会士が住んでいた（『サ』76）。

コーチンからゴアへ移動した時期と期間については、一〇月のはじめにコーチンを発ってわずかの日数でゴアへ到着（『サ』57）したとも、春に二〇日を経て到着したともいわれる（『グ』52）。後者では、ゴアの滞在は約一ヶ月で、一五八四年一月にコーチンへ戻ったとされるため（『グ』54-55）、錯誤があるのだろう。ゴアはもともとサラセン人（ムスリム）の王が統治していたが、ポルトガルのアフォンソ・デ・アルブケルケが攻略した（『サ』53）。インドにおけるポルトガル支配の中枢であり、一六〇名の司祭がいる（『サ』77）。ポルトガルのインド副王フランシスコ・マスカレーニャスが歓迎し、ポルトガルへの旅費の提供を申し出、イエズス会のコレジオに宿泊したことが伝えられる（『グ』54-55）。「コレジオ」とは、サン・パウロ学院のことであり、オールド・ゴア地区にファサードのみが現存する。使節団は、学院の司祭、イルマンたちから歓迎され、副王からはローマ製の聖遺物匣《せいいぶつはこ》付きの金鎖を掛けられた（『フ』42）。使節団は、大友・有馬・大村三侯の書簡を副王へ捧げ、副王は喜んで受領した。副王との謁見に和服で臨んだことは、以後の流れをみるなかで注目に値する（『サ』57-58）。

イエズス会総会長クラウディオ・アクアヴィヴァは、ヴァリニャーノに対しインドへ残留すべきことを命じ、ヴァリニャーノは混乱ののち、この地でそれを受け入れる。ヴァリニャーノに代わり、安土セミナリオの教師であり、トゥトコリーヌムで静養していたメスキータおよびサン・パウロ学院長のヌーノ・ロドリゲスの同行が決まった。彼らのほかに、ジョルジェ・ロヨラなど日本人随行者を含め、総勢二〇名の一団となった（『フ』43）。

ゴアからコーチンへ戻ったのは、一五八四年一月一日である（『グ』55。『新』46）。そこから二月二〇日に出航し、リスボンを目指す。船の名はサンチャゴ号である（『フ』44）。『フロイス』には、メスキ

図32　コーチンからリスボンまで

ータがポルトガルからヴァリニャーノへ送った報告書が転載されているため、この航海についてはその内容を基本にたどることにしたい。

コーチン出航後は南西に進路をとり、三月九日に赤道を越え、サン・ローレンソ島(現在のマダガスカル島)を過ぎ、四月二〇日にナタル(現在のダーバン一帯)沿岸、五月六日にアフリカ大陸最南端のアグーリャス岬、一〇日には喜望峰を通過、五月二九日ついにセントヘレナ島へ上陸した(『フ』46-47,64。『新』47)。船上では、一日三時間の娯楽とそれより多くの時間を学習に費やした。日本語とラテン語の読み書きを中心としたもので、とりわけ原マルチノのラテン語力が高く評価された(『フ』44-45)。

セントヘレナ島はのちにナポレオン一世

が配流された島として知られている。使節団到着当時、島に留まっているのは、一人か二人程度でそれ以上の居住は王令により禁じられていた。水や果実にもめぐまれているほか、ポルトガル人がこの地へもたらした山羊・鶏なども多く、釣りのほか狩猟も可能で食糧の補給に適した環境である（『サ』94-95）。一五一二年に刑としてこの地に置き去りにされた一兵卒がおり、その後この地に寄港した船員たちが、彼に家畜や種子を与えたのだそうだ（『グ』59）。一行は水と魚を補給した。とりわけ釣りを楽しみ、その収量は、船員一同が食べきれないほどだったといわれる（『フ』47）。

同島での一一日の滞在ののち、六月六日に出帆した。六月二一日「ギネの線」を通過し、「サルガッソの屈曲」に入って以降は病死が相次ぎ、三二名に達した。アソーレス諸島のテルセイラ島沖を迂回し八月一〇日にリスボン近郊のカシュカイシュに投錨した。現在は海水浴などの観光で知られる街だが、ここでは漁夫の部落と紹介される。リスボンへ入港するには時間が遅かったためで、この地に停泊し、翌八月一一日にリスボン港へ入り、人目を避けるために午後に投錨した。イエズス会司祭二名が間もなく使節団に会いに来た（『フ』47-49）。リスボン到着は、八月八日ともいわれている（『サ』95）。

リスボンからマドリードまで

リスボンでの様子は『フロイス』に詳しい。使節団のリスボン到着に先立ち、ヌーノ・ロドリゲスはカシュカイシュから上陸し、リスボンにおけるイエズス会の拠点たるサン・ロケ修道院に使節団の到着を伝えた。リスボン港で司祭二名が使節団を出迎えたのはこれによるものと思われ、同修道院で歓迎をうける。それから数日ののち、到着の次第、目的を報告し、手に接吻をするべく、枢機卿アルベルト・アウストリアのもとへ参上すべきことが知らされる。当時のポルトガルは、一五七八年八月四日のモロッコのアルカセル・キビールの戦いにより国王ドン・セバスチャンが行方不明となり、スペイン国王フェリペ二世が、ポルトガル国王フェリペ一世として王位を兼任する、いわゆる同君連合の時代である。アルベルトは、神聖ローマ帝国皇帝マクシミリアン二世の六男で、一五七七年に枢機卿となり、ポルトガル副王として赴任していた。謁見はリベイラ宮でおこなわれ、一行のほか、イエズス会ポルトガル管区長セバスチャン・モライスおよびサン・ロケ修道院長ペドロ・デ・フォンセカが同行した。道中では、後のように群集が見物にひしめくことはなかったという。マンショとミゲルは、大友義鎮・有馬鎮貴・大村純忠からの道中の保護を求める言葉を伝え、メスキータが通訳した。献上品として、サイの角のコップを持参した（『新』52）。謁見の後、リスボン大司教、サンタ・ローヤ修道院、王立病院などを訪ねた。謁見の日を八月一三日とする比定もある（松田 一九九九年）が、根拠は定かではない。

図33　サン・ロケ教会（2002年7月18日撮影）

翌日は、サンタ・アンタンのコレジオを見学した。一行はコレジオ側の意向もあり、和服に着替えて盃《さかずき》の礼事をおこない、大いに喜ばれたという。さらに数日後、アルベルトから静養先のシントラで休養をするように提案があり、和装での会見についても知らされた。そこで、ペロロンガ修道院へ赴き、和装に着替えて枢機卿邸へ出向いて会見をした。枢機卿は、彼らの勇敢さと礼儀正しさに共感を抱き、刀を手に取り、携行していた屏風について質問をした。枢機卿との面会は三度にわたったともいわれ（『サ』298）、このほかにももう一度おこなわれたのかもしれない。この小旅行中には、同修道院のほか、シントラの宮殿、ノッサ・セニョーラ・ダ・ペニャ修道院を訪れた。

図34　ベレンの塔（2001年11月7日撮影）

リスボンへ戻ってからは、『ぎやどぺかどる』の著者であるルイス・デ・グラナダと会見し、日本語の書を差し出したところ、少なからず喜んだ。また、ノッサ・セニョーラ・ダ・ルスや、現在も著名な観光地であるジェロニモス修道院やベレンの塔を見学した（『フ』75-77）。

二六日間のリスボン滞在ののち、九月五日にエヴォラへむけて出発した。リスボン到着後ほどな

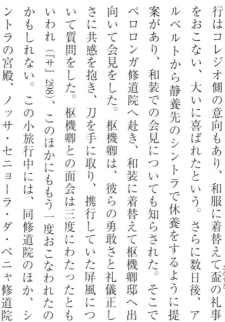

い頃、エヴォラ大司教テオトニオ・デ・ブラガンサは、使節団の必需品の提供を申し出た（『フ』78）。テオトニオ・デ・ブラガンサは、のちにエヴォラ版『イエズス会士日本通信』の編纂を命じた人物である。ヌーノ・ロドリゲスは、イルマン一人を同行し、フェリペ二世へ屏風を献じるべく、すでにマドリードへ発っていた。彼を除く使節団は、テージョ川左岸のアルデア・ガレガまで徒歩で進み、そこで待機していたエヴォラ大司教の輿車に乗り込む。途中、六日には群集の見守る中、モンテモール・ウ・ノーヴォ（Montemor-o-Novo）へ到着、宿泊し、七日の午前一〇時にエヴォラへたどりついた。宿所はコレジオに定められた。エヴォラ到着は八日ともいわれる（『新』62）。

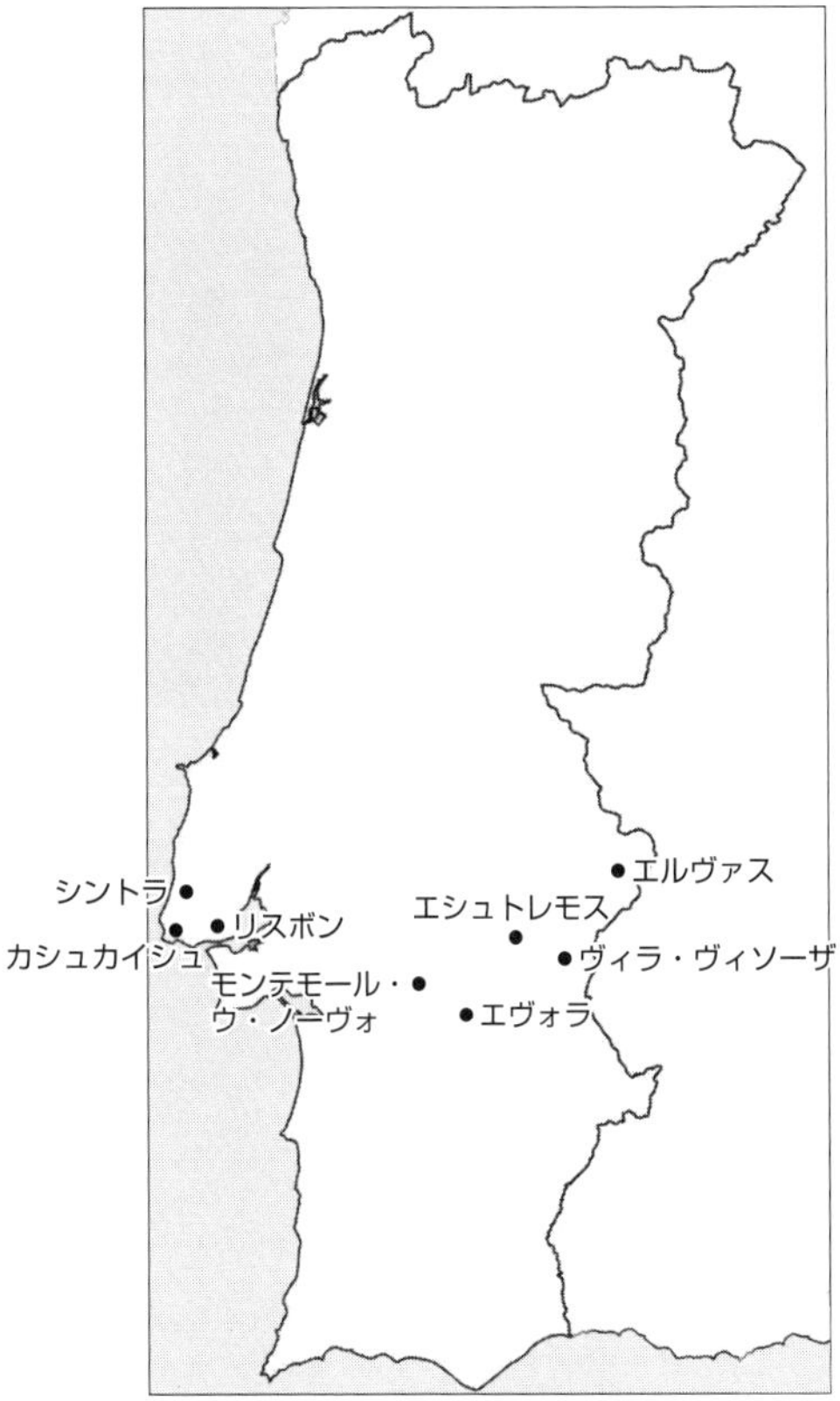

図35　ポルトガルでの滞在地

図36　エヴォラ大聖堂のパイプオルガン（2003年7月18日撮影）

　七日の午後には、エヴォラ大司教が訪ねてきた。使節もこれに応えて、大司教邸を訪問した。大司教は同月一四日の十字架闡揚《せんよう》紀年祭までエヴォラに留まるよう希望し、それに従った。使節団は祭りの行列に参加し、多くの人々が彼らをみようと集まった。異端審問判事のローポ・ソアーレスは、使節を讃える演説をした。祭りが終わると、大司教は再び自らの邸宅へ彼らを招き入れ、夕食を共にした。そののち、大聖堂へと誘い、伊東マンショと千々石ミゲルはパイプオルガンを演奏し、大司教と人々を感嘆させた。さらにはコレジオの学生たちによる演奏もおこなわれた。エヴォラ出発の直前には、彼らは再び大司教をコレジオに招き、和服姿・日本語書籍・オルガンティーノ宛織田信長日本語書簡をみせ、ジョルジェ・ロヨラはラテン語文を書いた。大司教はそれらに感心したと伝えられる。コレジオでは、ジョアン・デ・コウトによって使節団を讃える演説がおこなわれた（『フ』92-99）。

　エヴォラ出発の日付については、九月一四日とする記述（『サ』309）と、一五日とするもの（『フ』112。『グ』67）がある。紀年祭前後の濃密な行動をみるならば、当日に出発したとみるよりは、一五

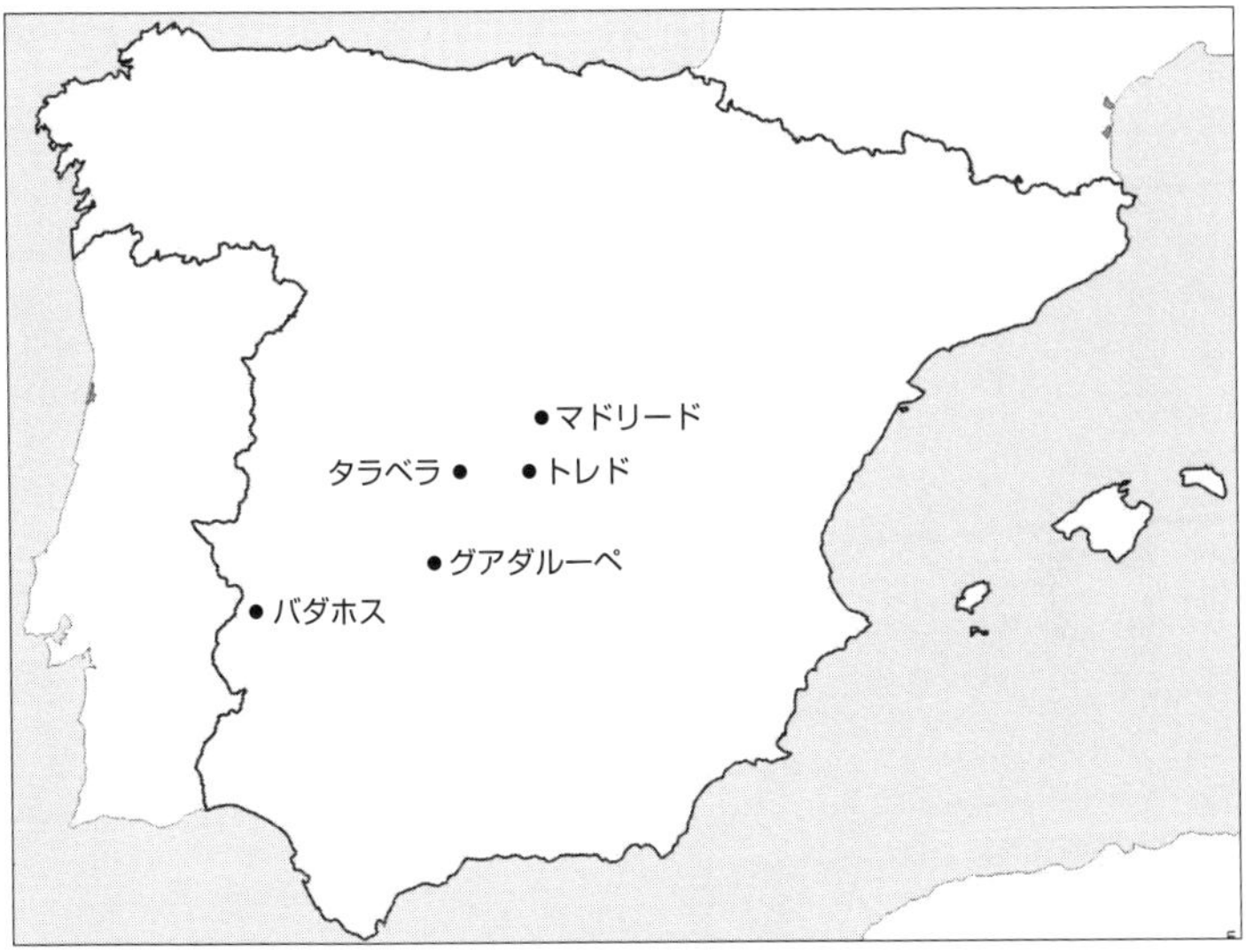

図37　ヴィラ・ヴィソーザからマドリードまで

日が自然であろう。一五日にエシュトレモス(Estremoz)へ宿泊し、翌日曜日にヴィラ・ヴィソーザ（Vila Viçosa）へ入る（『新』63-64)。ヴィラ・ヴィソーザは、エヴォラ大司教の出身地であり、訪問はブラガンサ公爵夫人カタリーナ・デ・ポルトガルの希望をいれてのことであった。カタリーナは、ポルトガル国王ドン・マヌエル一世の孫で、ドン・セバスチャン亡き後に後継国王候補に目されたひとりでもある。ヴィラ・ヴィソーザ滞在の詳細については後述する。一八日に同地を発ちフェリペ二世の待つマドリードへ向かう。

スペイン国境の町エルヴァス（Elvas）へ到着した頃、スペインの有名な聖地グアダルーペ(Guadalupe)に寄ることを決めた。スペイン側の国境の町バダホス（Badajos）を通過して、グアダルーペには、九月二三日に到着した（『サ』

312）。『新』65）。翌日には教会を訪問し、長老たちと会食をするなどの歓待を受けた。とりわけ聖母像は強く印象に残り、後々まで語り合ったと伝えられる。二五日にグアダルーペを発ち、タラベラ（Talavera）に立ち寄り、コレジオの院長以下により、対話・演劇・舞踊などでもてなされた。これは先発のヌーノ・ロドリゲスが使節団の旅について知らせていたからで、院長はグアダルーペまで訪問を要請する使者を送っていたのである。二七日にタラベラを発ち、二九日にトレドへ到着した（『フ』130-139）。

トレドでは、副司教フアン・デ・メンドーサの周旋により、一〇月一九日まで滞在した（『サ』321）。トレドでの滞在が長期にわたったのは、この間に千々石ミゲルが熱病に冒されたためである。到着の日には、コレジオの学生が出迎えたほか、多くの群集が詰めかけた。翌九月三〇日には大礼拝堂で使節団がミサと説教を聞く様子が公開され、午後には聖遺物の見学などをした。翌一〇月一日には、イエズス会のコレジオにて学生の歓迎を受け、教室などを見学した（『フ』139-140）。町見学のなかで特筆されているのは、時計である（『フ』147-148）。かつて、フランシスコ・ザビエルは持参した時計を大内義隆へ贈呈し、のちにはフェリペ三世が徳川家康へ贈るなど、日本での時計の関心は高い。トレドの時計は、その作者としてイタリアのクレモーナ出身のジェネリオ・トゥルリアーノの名前が伝えられる（『サ』317）。このほか、新宮殿や、フアン・デ・メンドーサの邸宅なども訪れた。トレドを発ちマドリードへの道は、同地に滞在中だったエヴォラ大司教の甥、ヴィラ・ヴィソーザのカタリーナの夫であるドン・ジョアン一世の輿車を使用した。そして、一五八四年一〇月二〇日、使節団はついに王都マドリードへ到着する（『フ』148-158）。

王都マドリードからイタリアへ

使節団は、スペイン管区長ヒル・ゴンサーレスらの出迎えをうけて宿舎に入った。原マルチノはトレド以来の病気が治らず、治療にあたった。千々石ミゲルは平癒している。ミゲルの病は天然痘《てんねんとう》といわれている（『新』55）。一五八四年一一月一一日には王太子の宣誓式が予定され、マドリードには多くの貴族や外交官が詰めかけており、使節団にも来訪者が相次いだ。なかには礼儀をわきまえない庶民が混ざっていたと伝えられる。宣誓式は、王太子を内外に披露するとともに、臣下にとっては彼への忠誠を誓う儀式である。国王フェリペ二世は郊外のパルド（El Pardo）にいて、使節はそこへ赴いて音楽を楽しみ、近臣とも交わった。メスキータらとフェリペらによる事前協議の結果、一行は宣誓式への参列を許された。メスキータはゴア大司教の書簡ならびにヴァリニャーノが中国についてまとめた報告を献上し、フェリペはそ

図38　フェリペ2世（長崎歴史文化博物館編集・発行『ローマを夢みた美少年　天正遣欧使節と天草四郎展』〈2006年〉28頁）

れを喜んで受け取った。フェリペは、宣誓式の前日に、会場となるサン・ヘロニモ・エル・レアル修道院を訪れ、聖堂内のもっともよい場所を一行のために確保するよう命じた（『フ』158-163）。儀式の次第は『フロイス』に詳しい。

一一月一四日には国王から謁見のために参上するように伝言が届く。イエズス会総会長の命令により、ヒル・ゴンサーレスおよびガブリエル・アフォンソが随行した。この二名は、使節団が日本から渡航した目的を、ローマ教皇へ服従を表明し、フェリペ二世のような君主に謁見し、キリスト教国をみることにあると説明した。そののち、馬車二両が使節団のもとへむけられ、彼らは和装で馬車に乗った。王宮へ着いたところ詰めかけた群集で身動きがとれず、兵士に通路を開けてもらうことでかろうじて王宮へ入る。マンショやミゲルは、フェリペの前に進み出て、その手に接吻しようとするが、フェリペはそれを許さずに抱擁をした。他の王族たちもそれに倣う。日本から持参した進物を献じ、対話をし、大友義鎮・有馬鎮貴・大村純忠の書簡を手渡した。さらに、礼拝堂へ移動し晩禱に参加した。群集はすべてが終わるまで王宮の中庭に集っていて、使節団は馬車に乗るにも不自由をするほどだった。こののち、王妃や近臣たちを相次いで訪問した。王妃はとりわけ日本文字が書かれた書に関心を示したといわれる（『フ』183-196）。翌日には、国王の姉たるオーストリー皇太后を表敬した（『新』57）。この間に一行がヨーロッパへ到着した旨がローマのイエズス会本部へ達し、総会長アクアヴィヴァはベント・ローペスに使節団の随行を命じる（『フ』170）。

メスキータは、帰国後に日本へスペインの偉大さを伝えるため、エスコリアルのサン・ロレンソ修道院、武器庫と宝石の見学を要請し、聞き届けられた。見学は一六日と定められた。修道院の一角にサンタヨ離宮があり、そこで食事をしたのち、修道院の聖遺物・図書室、その他をくまなく見学した。修道士たちに日本の文字を書いた書物をみせ、ジョルジェ・ロヨラは鳥の子紙に文字を記し、カスティーリャ語訳を付けて残したと伝えられる。

マドリードへ戻ってからは、武器庫と厩舎を、そして二日後には宝物庫で宝石類を見学した（『フ』212-220）。宝物庫で一行がどのような感想を抱いたかを知ることはできないが、ここで想起されるのは、ヴァリニャーノ『日本巡察記（*Sumario de las Cosas de Japon*）』第二章の茶器取引の件である。ヴァリニャーノは、彼らの視点からは物質的には価値がないかにみえる茶器が、日本では高価で取引されている理由を尋ねる。すると日本人は、それはヨーロッパでダイヤモンドやルビーが高値で取り引きされるのと同じで、それらに高値がつくのは彼らにとっては愚かなことだと答えたと記している（松田訳一九七三年）。使節団のローマ入市の件でも、日本人の同様の価値観が示される（『バ』〈『大』①198〉）。

充実の時を過ごしたマドリードでも、出発の時はくる。イエズス会総会長は、使節団の通り道におけるすべての修舎とコレジオに対し、彼らを手厚く遇するよう指示をだし、フェリペ二世も免税を認めた旅券を発行するなどの便宜を図る。フェリペへの暇乞いにはメスキータひとりが代表して参上し、進上した屛風などへの謝辞を受けた。フェリペはまた一一月二五日、使節団が出発しようとしていた矢先にイエズス会コレジオを親しく訪れさえもした。それゆえに、出発は一日順延となり、翌二六日にマドリードを出発し、いよいよ最終目的地ローマを目指す（『フ』231-234。『新』68）。

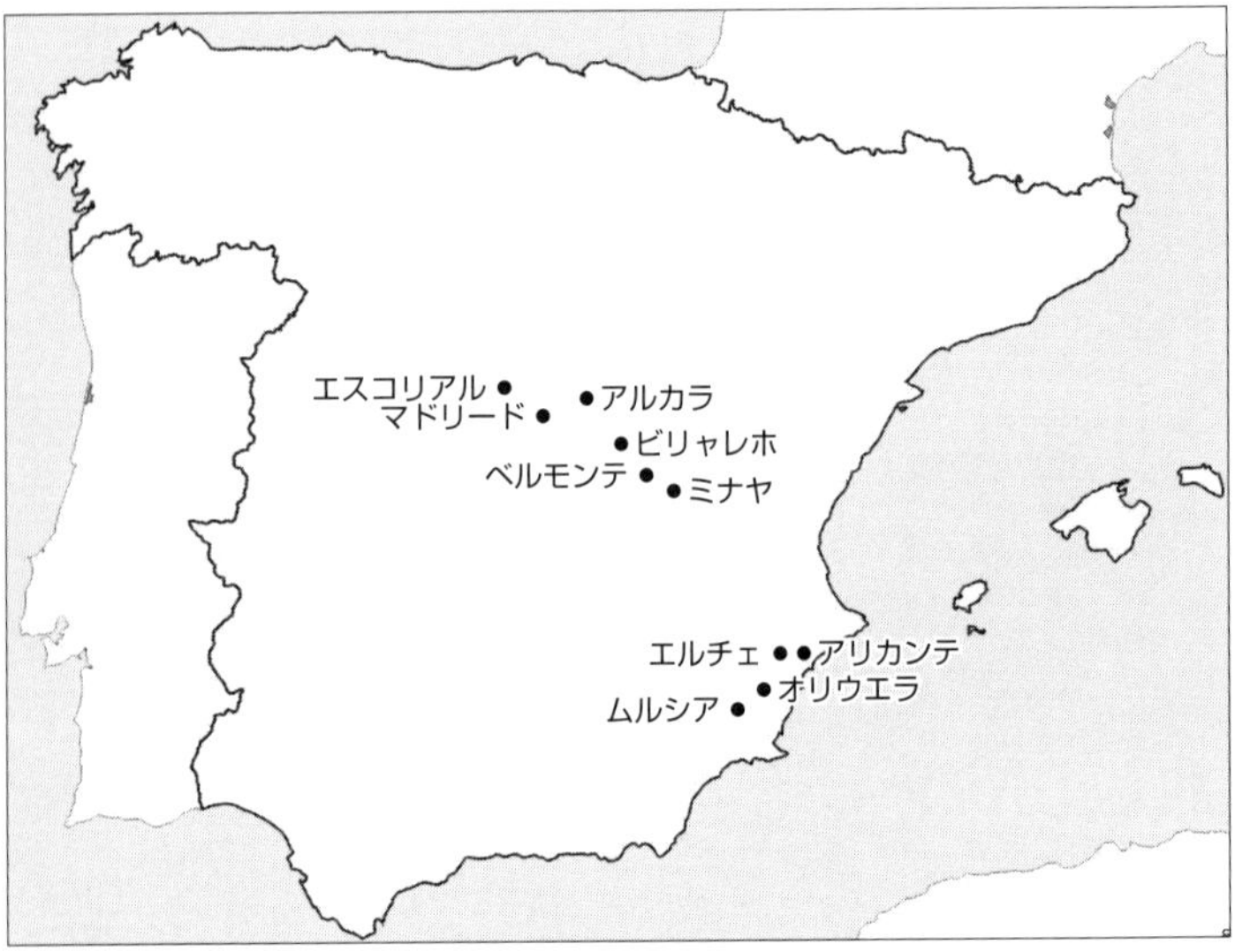

図39　マドリードからアリカンテまで

同じ日の夕方、アルカラ（Alcalá de Henares）に到着した。この地には二九日まで滞在する。ここではコレジオの院長などからさほど盛大ではない程度の歓迎を受けた。厚遇だったとする記録もある（『新』69）。使節団は、演奏や学生たちの討論、学長の訪問や、修道士長アンドレ・パチェコの演説を聞いた。大司教座聖堂では、聖殉教者の遺骸と、聖遺物を見学する。フェリペ二世は、ムルシアでイタリア行きの船に乗るように手配していたため、以後は南東へ向けて移動を続け、一二月一日から二日にビリャレホ（Villarejo de Fuentes）、二日から五日にベルモンテ（Belmonte）へ滞在した。

ベルモンテでは祝砲に出迎えられながらコレジオへ入った。この時花火も打ち上げられたという。フランシスコ会やドミニコ会などの修道士たちが来訪し、使節団は教会・修道院を見学した。大聖堂では夜間に劇が演じられた。この地では修道院の創立者ドニャ・フランシスカの大いなる支援を受け、とりわけ砂糖練粉（Alcoça）で出来たヴィオラなどの形をしたお菓子を大いに気に入り、日本へ持ち帰りたいと喜んだ（『フ』239-248）。ベルモンテ出発後は、ミナヤ（Minaya）を経て、一〇日にムルシア（Murcia）に到着した。

少しさかのぼって、使節団がマドリードを後にする直前の一一月二四日、フェリペ二世はムルシア市長ルイス・アルテアガに対し、彼らを厚遇すべきことを命じた書簡（『フ』234-235）を用意し、ベント・ロペスは彼らの到着前日にそれをムルシアへ届けていた。使節団は三、四千人の銃兵による一斉射撃などで盛大に出迎えられ、コレジオの宿舎へ泊まる。この地の滞在は二二日間の長きにわたったが、それはアリカンテ（Alicante）にイタリア行きの船があるか否かを確かめるためであった。一五八五年一月三日、ムルシアを発ってオリウエラ（Orihuela）、エルチェ（Elche）を経て、五日、地中海の港町アリカンテへ到着する。知事以下の出迎えがあり、館で歓迎を受けた。港にはアラゴン人を船長とした一艘の船が停泊していた（『フ』260-267）が、風待ちのために約一ヶ月滞在し、その間に出航しては引き返すことを二回繰り返したのち、二月七日に出発した。最初の出航は一月一九日である（『サ』357）。途中マヨルカ島での滞在を経て、三月一日にイタリアの港ジョルネ（Jiorne）へ到着した（『フ』273-274）。これからローマへ向けてのイタリアの旅がつづく。

ローマおよびイタリアの諸都市にて

トスカーナ大公国を過ぎる

この時代にイタリアは存在しなかったとしばしばいわれる。イタリアが国民国家として統一され、イタリア王国が成立したのは一八六一年であり、それ以前に統一国家としてのイタリアはなかったといわれれば、まさにその通りである。しかしながら、当時の文献を繙くと、地域呼称としての「イタリア」という言葉をみつけることは容易い。たとえば、ヴァリニャーノは、スペイン統治下のナポリ王国の出身で、その意味ではスペイン人ということもできるわけだが、史料上は「イタリアーノ」と表現される。政治体制の違いは、必ずしも地域概念に超越しない。したがって、本書では以下、そのような意味で「イタリア」の地域呼称を使用する。

「ジョルネ」とは、現在のリヴォルノ（Livorno）である。トスカーナ（Toscana）の地名は、現在はイタリア共和国の州名として生き続けているが、当時はメディチ家が統治する大公国であった。リヴォルノは、トスカーナ大公国の港である。現地の施政官（provveditore）マッテオ・フォルスターニがメディチ家のもとへ三月一日付で三通の書簡を送っている（『大』①170-176）。これらの書簡では、使節団がスペインで国王以下から大いに歓迎されたこと、トスカーナ大公フランチェスコ一世の名を聞いて謁見を希望していること、名はペドロ、ミゲル、マンショであること、イエズス会士の服と出身国の王者の服を持参し貴人との面会の折は後者を用いることなどが報告される。使節の名のひとつにペドロとあるのは錯誤であろう。フォルスターニは最終的には使節団を私邸へ招き入れたものの、当初は旅館での応対を検討したらしいことなどに上陸時の混乱が垣間見える。

図40　リヴォルノ（2003年11月16日撮影）

これ以後しばしばイタリアの古文書のなかに、使節をインド人もしくはインドの王子とする表現が散見する。右の文脈からは、若桑みどり氏が指摘するような混乱とみなす見解（若桑 二〇〇三年）がでるのも無理からぬことではあるが、先述のとおりの当時のヨーロッパ語におけるインド概念との関わりで理解すべきである。フォルスターニ書簡にみえる「日本の島なるインドの公子四人（quatro principi Indiani del isole di Giappone、『大』①邦訳171、原文146）」という表現は、地域呼称としての「インド」が日本を含む広がりをもつものだったと解釈する

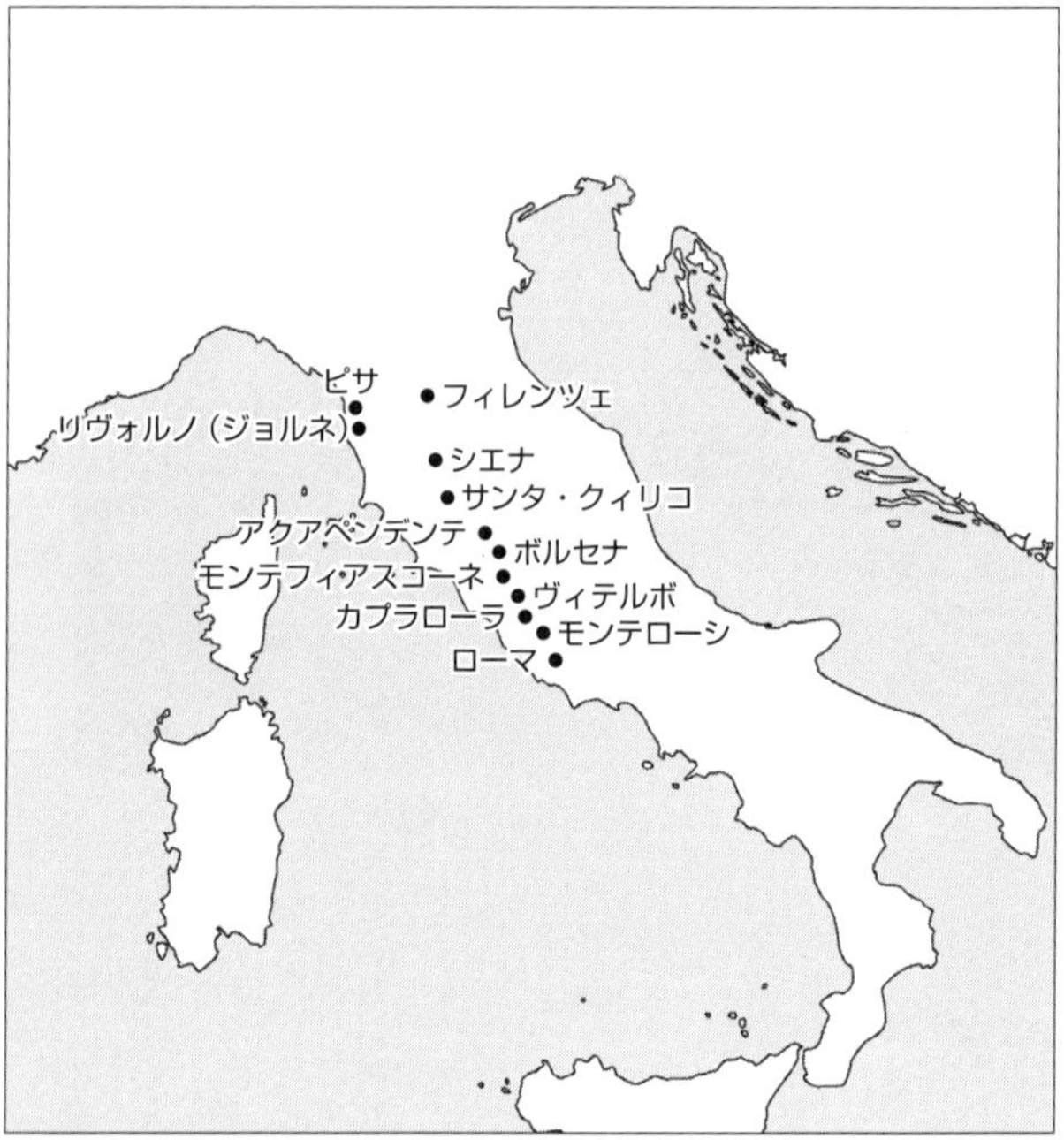

図41　リヴォルノからローマへ

のでなければ、「なんで日本からインドの公子がくるの？（若桑前掲書）」という疑問は解消されない。

三月二日にはリヴォルノを発ち、ピサ（Pisa）へ到着する。ここでの動向は、ふたたび『フロイス』を繙くとしよう。ピサでは宮殿へ宿泊することとなり、大公の弟ピエトロが出迎えた。夕食後に大司教座聖堂へ赴き、聖遺物などを見学し、和装に着替えてトスカーナ大公フランチェスコ・プリーモ・ディ・メディチとの面会に臨んだ。大公は、イタリア全王公のなかで、彼らのようなキリスト教徒を迎えるのは、自分が最初であるとの感慨を述べたと伝えられる（『フ』274-275）。『セッチマンニ編フロレンス日録』（『大』①190）では、使節はインキ壺、木片および紙を贈呈したことが伝えられる。これは後述『ウルバーノ・モンテ年代記』の記載とも一致する。「インキ壺」は硯《すずり》、「木片」は香木であろうか。

使節団はこれ以後、六日までの滞在中に娯楽を提供され、大公とともに狩猟をし、公妃ビアンカ・カッペロ主催の夜宴では、マンショが公妃と踊ることになる。彼らの述懐とされる対談もある（『サ』361-362）。六日の午前にはサン・ステファーノの教会を訪れ、大公からフィレンツェ（Firenze）へ出発の許可が下りたため、ピサを後にすることとなった。

図42　ヴェッキオ館（2006年9月12日撮影）

フィレンツェでは、大公の館（Palazzo Vecchio）が宿泊所とされ、プロトリーノと呼ばれる大公の館を訪れた。ヴェッキオ館（宮）は、現在は著名な観光名所である。三月一〇日の晩餐前にクラボなる楽器を見学したことが詳述される（『フ』287-288）。一四日にはフィレンツェを発ち、シエナ（Siena）へ移った。『シエナ年代記』（『大』①186-187）によれば、市内の宗教施設を見学し、一七日に出発する。この滞在については、諸記録が必ずしも詳述しないなか、『ウルバーノ・モンテ年代記』は、彼らはスフォルツァ家の館へ宿泊したこと、大聖堂では聖ジョヴァンニ・バッティスタの腕などの聖遺物を見学し、イエズス会のミサにも出席したことを伝える。

シエナを発ってからの行程は『サンデ』に詳しい。トスカーナ大公国を出て、サンタ・クィリコ（Santa Quirico d'Orcia。『フ』30では「カステロ」と記されている）で、ローマ到着を督促する教皇使節と出会い、さらにアクアペンデンテ（Acquapendente）へ急ぐ。ここからボルセナ（Bolsena）を経て、ヴィテルボ（Viterbo）へ入る（『サ』384）。『サンデ』ではヴィテルボ到着の日付を欠くが、駐ローマ・エステ家大使テオドシオ・パニッツァは、ヴィテルボの手前のモンテフィアスコーネ（Montefiascone）で一八日に一泊する予定だと報じているため（『大』① 266）、一九日のことだと考えられる。

ワインで有名なモンテフィアスコーネ通過前後の状況は、現地史料から知ることができる。ヴィテルボ国立文書館に保存されている、モンテフィアスコーネの公証人マニリオ・ロゼッリの記録（not. montefiascone 269）である。そこには、使節団が同地を通過したのは一九日と明記されている。枢機卿アレッサンドロ・ファルネーゼは、ヴィテルボ兵営所属の槍騎兵隊の一団に護衛を命じた。モンテフィアスコーネでは、大聖堂での昼食の後に、聖マルガリータ・聖フェリチタ・聖フラヴィーノの頭蓋骨や、他の祭壇を見学した。筆者マニリオ・ロゼッリは、日本人イエズス会士であり、多少のラテン語能力を有する人物に接近し、彼から多くの彼の島の情報を得たと記す。その人物は日本人随行者ジョルジェ・ロヨラである。ロゼッリとジョルジェの対話は、未邦訳であるのみならず、他の記録に書かれていない内容を含むため、日本情報に関する部分は、次章で詳述する。ヴィテルボでは、聖ローザ教会、樫の木の聖マリア教会、バニャイア山荘（Bagnaia）を訪れて楽器を楽しんだ。

いよいよローマ（Roma）は目前である。二二日にヴィテルボを出発し、アレッサンドロ・ファルネーゼの別荘があるカプラローラ（Caprarola）へ向かう。ダニエレ・アンニバレがエステ家へ送った書簡によると、このころ、ローマではすでに使節団の到着を待ちわびて騎兵大隊が出迎えにモンテローシ（Monterosi）へ派遣された（『大』①268）。彼らに護送されながら、長崎出発から三年あまりを経て一五八五年三月二二日夜、ついに最終目的地ローマへ到着した。

図43　モンテローシ（2003年12月26日撮影）

グレゴリオ一三世のローマにて

ローマ到着後は、宿泊施設であるイエズス会の修舎、すなわちジェス教会へ向かった。門では総会長アクアヴィヴァが、約二〇〇名の会員とともに出迎え、彼らを抱擁した。使節団は聖堂内に招き入れられた。ドイツ人学院奏楽隊がテ・デウム・ラウダムスを演奏する。使節団はふたたび宿舎へ戻り夕食をとった。

三月二三日には、この使節行最大の盛儀として著名な、サン・ピエトロ寺院における公開枢機卿会議での教皇グレゴリオ一三世との公式謁見がおこなわれた。この日の午前、

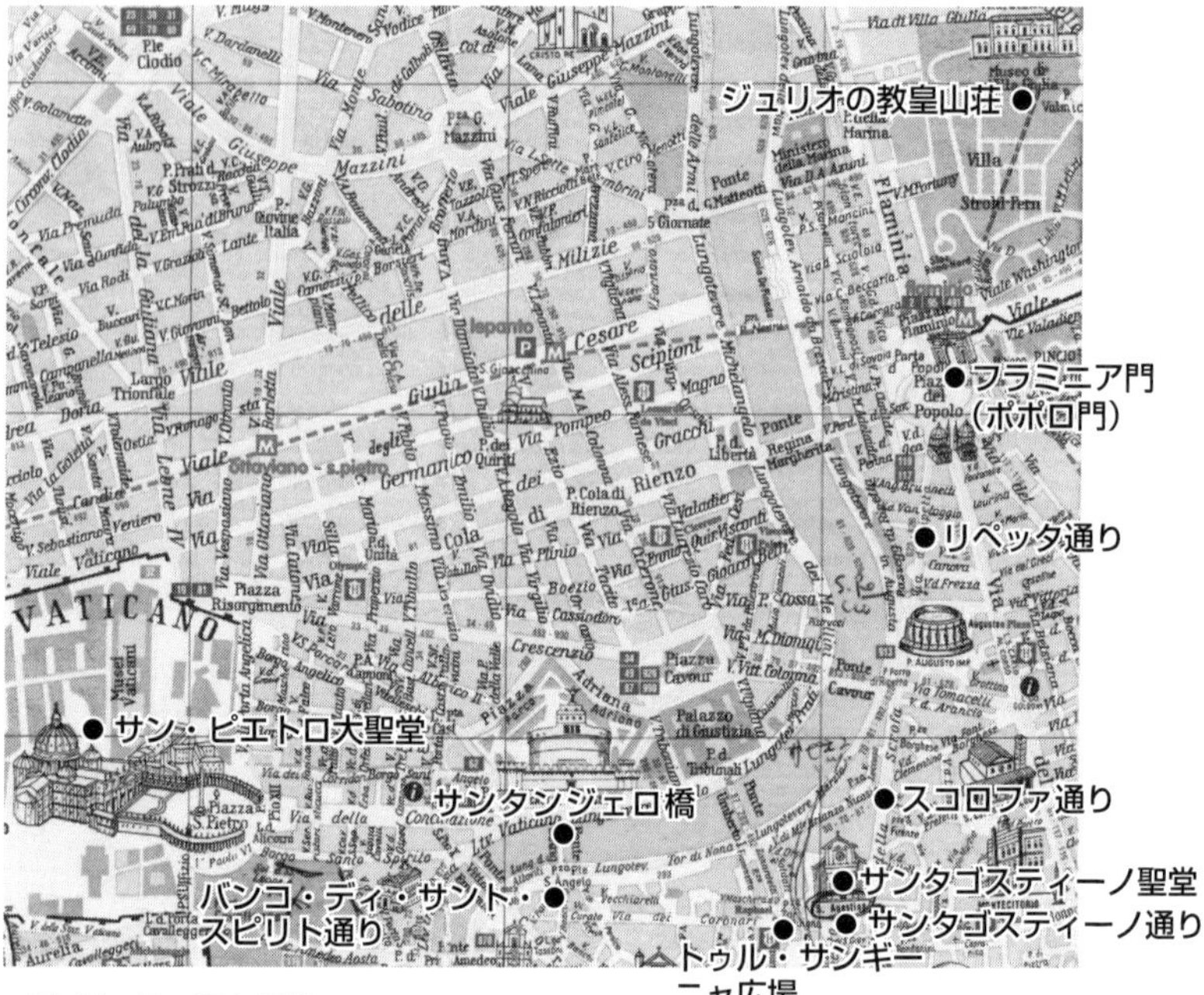

図44　ローマ中心部

教皇は公開枢機卿会議を召集し、朝にはスペイン大使が使節団の宿舎へ馬車を差し向け、ポポロの聖母の堂へ導いた。「ポポロの聖母の堂」は『フロイス』の表現であるが、ポポロ門外のジュリオの教皇山荘であろう。これは、現在エトルリア国立博物館（Museo Nazional Etrusco di Villa Giulia）がある地点である。中浦ジュリアンは、熱病のため、安静を求められていたが、教皇との面会を切望したため、公式謁見に先立ってスペイン大使の馬車で教皇の部屋を訪れた。ジュリアンは公開枢機卿会議まで残ることを希望したが、教皇は病状を気遣って宿舎への帰館を命じた（『フ』314-317）。ジュリアンの一件は、『サンデ』（389-391）には記されていない。

ジュリアンを除く使節団がサン・ピエトロ大聖堂へ向かう時の様子は、諸記録がもれなく伝えるところであるが、とりわけ詳しいのは『フランシスクス・ムカンシウスの儀典日誌』（以下、『儀典日誌』。『大』①225-265）である。使節団の行列が騎士や枢機卿たちを従えた王侯使節入城の例に則ったものであること、服装は和服であったことに言及したのち、路程を詳述する。教皇山荘を出発した一行は、フラミニア門からローマへ入城する。フラミニア門は、現在はポポロ広場のポポロ門（Porta Popolo）と呼ばれており、他の記録類でも、そのように書かれている。ポポロ広場からは、リペッタ通り（Via di Ripetta）、スコロファ通り（Via della Scrofa）へ続く一直線の道を通ったものと思われる。この道を進めば、「聖アゥグスティヌス聖堂（Basilica di Sant· Agostino）に接する交差点へたどり着き、さらに右折してサンタゴスティーノ通り（Via di Sant· Agostino）へ入れば、同聖堂の正面を通過する。その先にある「トゥルニ・サングィネエの道」「ヴィア・バンコールム」通りは、現在

図45　サンタンジェロ橋および要塞（2002年7月13日撮影）

図46　グレゴリオ13世（長崎歴史文化博物館編集・発行『ローマを夢みた美少年　天正遣欧使節と天草四郎展』〈2006年〉27頁）

は「Piazza di Tor Sanguigna」「Via del Banco di Santo Spirito」としてその名を残す。後者の道を過ぎればティベレ川で、サンタンジェロ橋（Ponte Sant' Angelo）を渡り、左折すれば、サン・ピエトロ大聖堂は目前である。当時は、現在のようなコンシリアツィオーネ通り（Via della Conciliazione）は整備されていなかったものの、一直線に大聖堂へと向かうことはできた。群集や兵士らの歓声は昂揚する。

ヴァチカンへたどりつくと、一行はしばらく待機を求められ、その間に謁見会場となる枢機卿会議院殿へ枢機卿が参集し、教皇の着座を最敬礼で見守る。枢機卿会議院殿は、王侯と使節のみがここでの謁見を許されるため、帝王の間（Atrium Regium）とも呼ばれる。主事たるフラミニウス・プラトゥスは会議の主旨を説明し、六名の枢機卿、四名の持鍵者に対し、使節団を枢機卿会議院殿へ導くよう指示をした。使節団は室内へ入ると中央に一列に並び、敬礼をしたのち、教皇の前へ進み、その足と手に接吻をする。伊東マンショは大友義鎮の、千々石ミゲルは有馬鎮貴と大村純忠の書簡を、接吻ののち教皇へ捧呈した。さらに使命の趣旨を日本語で述べ、通訳が解説をし、終わると彼らは教皇の

図 47　寺崎武男「法王との謁見」（連作「キリシタン文化史的絵画―天正少年使節伝」より、青山学院資料センター蔵）

前を離れる。通訳はディオゴ・デ・メスキータである。書簡のイタリア語訳を教皇秘書のプッカパドリウスが読み上げ、つづいてイエズス会長老のポルトガル人ガスパル・ゴンサルヴェスが彼らを讃える演説をした。この演説については次章で詳述するが、教皇以下一同は落涙を禁じ得なかったと伝わる。プッカパドリウスは教皇の名において答辞をおこなった。すべて終了ののち、閉会が宣言された。このとき、教皇はマンショとミゲルに法衣の後ろの裾を持ち随行することを望んだ。それは神聖ローマ皇帝大使にのみ与えられる名誉であるとも伝わる（『サ』396）が、『儀典日誌』にはみえない。一行は教皇の孫（甥？）であるシクストゥス枢機卿から晩餐に招待された。教皇から翌日に礼拝堂へ来るように命令があったが、イエズス会総会長アクアヴィヴァは翌日は休養日とし、翌々日の二五日にしたい旨を請願し許された（『フ』392）。

したがって、公開枢機卿会議翌日の二四日は休養日であるが、教皇は早くも慰問の使者を派遣し、衣服を仕立てるための絹とラシャを届けた（『サ』406）。それらの生地で作られた服装の詳細も知られている（『新』83-85）。二九日のサン・ピエトロ大聖堂の祈禱（『サ』436では三〇日とする）の際に、参列した一行のうち二名（マンショとミゲルか）は黒ビロード製の服を着、三一日の薔薇の主日の儀式にも二名は薔薇色の絹製の服などを着用している。これらの衣装は、この時に仕立てられたものであろう。二五日はドミニコ会のサンタ・マリア・ソプラ・ミネルヴァ教会にて、孤児の女性たちの結婚式がおこなわれ、使節団は和装にて教皇に随行した。四月七日に「二名」および「随員」は御受難の主日のミサへ参列しているが、服装は明記されていない（『儀典日誌』260-264）ため、ローマ風の衣裳だったのであろう。和装は政治・外交上の儀礼の中では演出効果を発揮するが、キリスト教の宗教儀式にはふさわしくないとする判断があったのかもしれない。四月五日（『フ』396では三日とする）には教皇と日本の布教状況などについて親しく対話をする機会を得（『サ』437-439）、九日にはローマの七つの教会をめぐった（『グ』106）。七つの教会とは、サン・ピエトロ、サン・ジョヴァンニ・ラテラーノ、サンタ・マリア・マジョーレ、サンタ・クローチェ・ディ・ジェサルメ、サン・セバスチャーノ、サン・パオロ、サン・ロレンツォである。

各国大使との儀礼交換も重要な行事だった。一行が各国使節を訪問したのか、各国使節が一行を訪問したのかについては、邦訳が一致しない。『グアルティエーリ』では「其後公子等は帝王、フランシア王、エネチアの執政並にスパニヤ王の使者たちを歴訪した。(cominciarono le visite di tutti gli Ambasciatori...)（邦訳104、原文88）」とある一方、『フロイス』は「此の日の後間もなく〔諸国の帝王の〕大使〔様〕方の御来訪が始まった。(comessarão as vizitas dos Embaixadores, ...)（邦訳393、原文180）と記す。原文を照合する限り、これは邦訳の問題であって「visite / vizitas（訪問）」を、出向くか出向かれるかに解釈するかによって生じた違いである。『サンデ』（440）には大使たちが饗宴を開くなどの記述があることと照らす限り、主として前者のように解すべきであろう。ヴェネツィア訪問の要請もこの機会におこなわれた。

ローマの重要人物からの訪問も相次いだ。ジャコモ・ブオンコンパーニョ、パオロ・ジョルダーノ・オルシーニをはじめ、元老院議官、管理委員などの役人たちである（『サ』440-441）。のちに使節にはローマの市民権が認められ、証書の受取りに元老院を訪れることになるが、こうした機会に市民権交付の申し出があったのかもしれない。千々石ミゲルと中浦ジュリアンの五月一〇日付証書の写しはフィレンツェ国立文書館に現存する（Miscellanea Medicea 97-90）。ジュリアンの証書の写しは、イエズス会ローマ文書館にも伝来する（『新』78-81）。

使節団がこうした時を過ごしている中、グレゴリオ一三世の容体は日々悪化していった。健康の悪化がはじめて表面化したのは四月九日午前九時で、参集していた副署官たちに、教皇は署名に出席できないため退出するように伝えられた（『フ』40）。一〇日には強烈なカタル（hum catarro tão grande）が起こり、「甥」（実際には子）のソリヤ公や納室掛に看取られながら、同日午後三時に八四歳の生涯を閉じる。教皇はこの日の朝にも使節団の近況を気遣っていた。遺体はその日の夜に礼拝堂へ運ばれ、一二日に各国大使らが臨席のもと葬儀がおこなわれた。使節団が参列をした形跡はない。例により葬儀は日曜を除いて九日間続けられた。

シスト五世のローマにて

四月一三日には定例枢機卿会議が開かれ、教皇選挙などについて話し合われた。二一日には教皇選挙枢機卿会議が召集され、二四日にはモンテ・アルトの枢機卿が全会一致により選出され、教皇シスト五世となる（『バ』〈『大』① 321〉）。この日付は二五日とも（『フ』448、『グ』110）、二六日とも（『サ』458）いわれる。シスト五世が使節団との謁見を設定したのは、即位二日後（『フ』449、『グ』110）のことで二六日だと考えられる。謁見を土曜日とする記述（『サ』460）もあるが、土曜だとするならば二七日である。新教皇は一行の近況を尋ね、マンショが代表して当選の喜びと、日本のキリスト教徒の今後を依頼した（『フ』449-450、『グ』110）。

新教皇の戴冠式《たいかんしき》は、月改まって五月一日におこなわれた。マンショ、ミゲル、マルチノが列席し、マンショとミゲルは、ローマ市首席元老、フランス、ヴェネツィア大使らとともに聖座に起立し、マルチノはローマ市護民官らとともに聖座の階段に座した（『儀典日誌』。『大』① 332-333）。ジュリアンはいまだ闘病中だったため（『フ』450）、ここには名がみえない。五日に教皇とともにサン・ジョヴァンニ・ラテラーノ教会を訪れた際には、フランス、ヴェネツィア大使につづいて、「日本諸王の使節（Oratoribus

Regum Japponiorum, Gubernatore Burgi)」および「その随員なる日本名士二名（duobus Nobilibus Japponensibus socijs in legatione)」（ともに『大』①邦訳334、原文290）が随行したことが記される。邦訳されていない「Gubernatore Burgi」は豊後の統治者であろうが、使節（Oratoribus）は複数形であるため、マンショとミゲルだとするならば、彼らに随行した名士（Nobilibus）二名はマルチノとジュリアンではなかろうか。すなわち、ジュリアンの病はこの頃までに癒えたと考えられる。一〇日には、ローマ市民会議において、ジュリアンを含む四名に対するローマ市民権授与が可決した（『大』①355-360）。

五月一日の戴冠式につづいて、二九日にはシスト五世の即位式が挙行され、ローマ市長、フランス、ヴェネツィア大使等とともに、日本国使節（マンショとミゲル）はヴァチカンの小聖堂に赴いた。

図48　シスト5世（P.G.マックスウェル－スチュアート著、高橋正男監修『ローマ教皇歴史誌』〈創元社、1999年〉237頁）

彼ら大使たちは聖座に起立した。教皇は、使節四名を佩勲章《はいくんしょう》騎士に叙した。翌三〇日はキリスト被昇天のミサがサン・ピエトロ大聖堂でおこなわれ、戴冠式同様にマンショとミゲルは聖座に起立、マルチノとジュリアンは聖座の階段に座した。また、これらに先だって、教皇は、大友義鎮・有馬鎮貴・大村純忠への返書、ならびに彼らの帰途に便宜と厚遇を要請する書簡を、ジェノヴァ共和国総督、フェリペ二世、アルベルト・アウストリアへ認めた（『大』①339-351）。グレゴリオ一三世存命中にしばしば登場した神聖ローマ帝国大使とスペイン大使が、このころに記録には影を潜めている。帰途、バルセロナ到着時の教皇大使の冷淡さと合わせて考えるならば、教皇庁とスペインとの関係に変化が生じたのかもしれない。

ローマ出発の前日である六月二日には、一行はふたたび教皇を訪れ、暇乞いの挨拶、滞在中の恩寵への謝礼を申し述べた。教皇は、自らを彼らや日本人たちにとって父であり、今後とも多くの計らいをする意向をもって応えた。『フロイス』（459-462）はローマ滞在の件を、メスキータからヴァリニャーノへ宛てた書簡を引用することで締めくくる。メスキータは、使節団のローマ滞在が目的にかなったものとなった理由を七点列挙する。それは、第一に日本のキリスト教勢力からの遣使が成功したこと、第二にイエズス会への賛辞を得たこと、第三に日本人に関して知見・理解が得られたこと、第四に使節団に高い徳義・帰依が備わったこと、第五に彼らの学習上の成果、第六に彼らへの共感を陶冶したこと、第七に多くの宗教者に来日の欲求を喚起したことであった。これらはまさに、ヴァリニャーノが意図した、日本人をヨーロッパに紹介し、ヨーロッパを日本人にみせる知的交流の目的が達成された報告にほかならない。一五八五年六月三日。激動のローマで二ヶ月余の滞在を終え、使節団は日本への帰途につく。

ヴェネツィアへむけて

帰途とは言っても、往路ローマへ向かったように、一路日本を目指したのではない。むしろ、最重要使命を終えたこの時から、北イタリアを中心としたヨーロッパの旅がはじまったとみることもできるくらいである。

じつは、ローマ滞在中にはナポリ訪問が取沙汰されていた。三月三〇日のローマ通信は、ナポリ訪問を報じている（『大』①277）。ところが、早くも四月九日には、ナポリ訪問が中止となり、夏までローマへ滞在することになった旨を駐ローマ、モデナ大使テオドシオ・パニッツァが記している（『大』①288）。ナポリ訪問が中止となった理由については、六月四日付ローマ通信は治安が悪化したことを指摘し、そうした紛争がなければナポリ訪問は実施されたであろうこと、この時点ではナポリ総督はパンを施し、紛争の首謀者数人を絞首刑にしたことで鎮圧をみたことを付け加える（『大』①337）。「優雅で甘美」にしてスペイン国王フェリペ二世の代理が統治するこの町の滞在が中止になった事情を、天候の不順に求める説明もないではない（『サ』476）。この違いを、松田毅一氏はイタリア語にいう「聖なる偽り」と評する。

ナポリ訪問は中止となり、使節団はローマ出発後は進路を北東方向へ取る。この進路の先にロレート（Loreto）があった（『サ』478、『バ』）。ロレートには聖母マリアが受胎告知をされた家が移築されたと伝わる聖堂がある。ロレート訪問は相当重視されていたらしく、フェッラーラ、ヴェネツィア訪問を拒否できなかった理由を、両者がロレートから遠からぬ位置にある点にさえ求める（『バ』〈『大』②2〉）。途中、フランチェスコ会の聖地として著名なアッシジ、さらにはペルージャに立ち寄る。そこ

図49　ローマからロレートまで

から、アレッツォ、さらにはフィレンツェへ抜ける行程もありえたはずだが、わざわざ途中まで引き返してロレートへと向かう。聖地としてのロレートの重要性ゆえか、トスカーナ大公国を回避すべき理由があったのか。ともあれ、ローマからロレートへの足跡をたどるとしよう。ローマ出発を前にイエズス会総会長アクアヴィヴァは、イッポリト・ヴォリアおよびアレッサンドロ・レニ、ラザロ・カタノを世話役として同行させることにした（『新』92）。このあとジェノヴァまで、彼らが貴重な証言者となる。

ローマを出発した六月三日の夕方には、教皇の軽騎兵とともに、チヴィタ・カステッラーナ（Civita Castellana）へ到着した。四日にはナルニ（Narni）、五日にはテルニ（Terni）を経てスポレト（Spoleto）、六日にはモンテファルコ（Montefalco）を通過し、フォリーニョ（Foligno）へ、七日にはアッシジ（Assisi）

へ達し、ついに大学など学校が多く存在するペルージャ（Perugia）へ到る。ローマ滞在中の五月一七日、ジョヴァンコラ・デ・ノタリースは、イエズス会総会長に対して、使節団のペルージャ訪問を要請している（『新』95-96）。

テルニ滞在については『新史料』（105-106）に、そこからペルージャまでの行程については『新史料』（107-110）に詳しい。それぞれの町々で歓迎を受ける中、アッシジでは聖フランチェスコの聖堂と遺物などを見学し、ペルージャでは市の代表者による演説などで歓迎された。使節の到来を『イザヤ書』第五五章ノ五の、神が神を知らぬ国民を招くとの予言に基づく聖歌もあったという（『グ』121）。この一節は、公開枢機卿会議のガスパル・ゴンサルヴェス演説にも引用されている。ペルージャでの滞在は、『新史料』（136-141）に詳しい。出発は聖霊降臨の祝日の日曜、すなわち九日である。滞在期間の短さに対する人々の不満は大きかった。ここからスペッロ（Spello）を経て（『新』112）、フォリーニョへ引き返し、ふたたびロレートを目指す。

六月一〇日午前九時にフォリーニョを出発し、コルフィオリト（Colfiorito）を経て、カメリーノ（Camerino）へ到着する（『新』112）。一一日夜明けにカメリーノを出発し、トレンティーノ（Tolentino）、マチェラータ（Macerata）、レカナーティ（Recanati）を経て、一二日にロレートへ到着した（『サ』481-482）。一一日の夜はマチェラータで宿泊したらしい。マチェラータではからくり時計を見、インド雄《おん》鶏《どり》に舌鼓《したづつみ》を打ち、レカナーティでは湯を浴びた（『新』117-118）。ロレートでは到着直後に式典が催され、総督邸の裏に宿泊し、一三日にはミサ、昼餐、宝庫の見学、そして晩餐がおこなわれた。一四日には聖餐を受け、聖母を拝し、アンコーナ（Ancona）へ向かう（『グ』125）。聖母マリアの聖地として、ロレートにはやや長めの滞在時間を割いたのであろう。聖母マリアの家の由来については、『サンデ』（482-483）に詳しい。一行はこの地への永住さえ望んだと伝わる（『サ』487）。かつてベルナルドは、使命を果たして故国へ戻る覚悟であったものが、ポルトガル到着後には神に仕えることのみを希望し、実際に帰国の途につくことはなかったように、使節団も生涯をこの地で終える可能性がありえたのかもしれない。ただし、ベルナルドと教皇の返書を携えた「大使」とは立場がちがう。

ロレートからはアドリア海沿いの町々を経て、ボローニャ（Bologna）へと進路をとる。ボローニャはグレゴリオ一三世の出身地である。この進路をヴェネツィアへ向かうための経由地とする説明もある（『サ』487）が、それならば陸路に限定しても、リミニからラヴェンナを経てフェッラーラへ抜ける道もありえたはずである。ともあれ、一四日には教皇直轄領のアンコーナへ到着し、教皇シスト五世の甥ルドヴィコをはじめ、多くの市民の歓迎を受け、夜には花火が打ち上げられた。翌一五日には、この町を後にし、セニガッリア（Senigallia）、ファーノ（Fano）を経て、ペーザロ（Pesaro）へ到着する（『大』②24-25）。ロレートからセニガッリアまでの行程は『新史料』(133-134)に詳しい。ペーザロでは、パオロ・ジョルダノが使節団を訪問し、日本刀や着物に興味を示し、パドヴァの温泉での再会を誓った（『新』143）。これらの町々は、ウルビーノ公爵の領地であり、彼の従弟たるロヴェーレ侯爵が応接にあたり、侯爵は長期滞在を望んだといわれている（『フ』495）。それにも関わらず、一泊のみで先を急いだ理由は、ボローニャの祝祭日を目指したためとも（『フ』495）、ウルビーノ公爵がブラッチャーノ公爵の応接に忙殺されていたためともいわれる（『サ』488）。ボローニャの祝祭日というのは、後述するように、二〇日の聖体の祝日であり、当初はこの日をヴェネツィアで過ごす予定であったものが変更となった。これはマンショ自身の証言である（『新』125）。

一六日は、カットリカ（Cattolica）を経てリミニ（Rimini）へ到着する。突然の訪問にも関わらず、銃砲・爆竹を鳴らすなどの歓迎をされ、一行はここで宿泊した（『グ』128）。一七日にはアドリア海としばし別れて内陸の道を進み、チェゼリア（Ceseria）を経て、フォルリ（Forlì）へ至る。一八日はイモラ（Imola）を経て、ボローニャへたどり着く。ボローニャ到着日については、一九日ともいわれ、おそらく『フロイス』（496）に依拠したものと思われるが、『ボローニャ元老院日記』（『大』②19-24。以下『元老院日記』）などの現地史料が一八日としているため、同日とみた

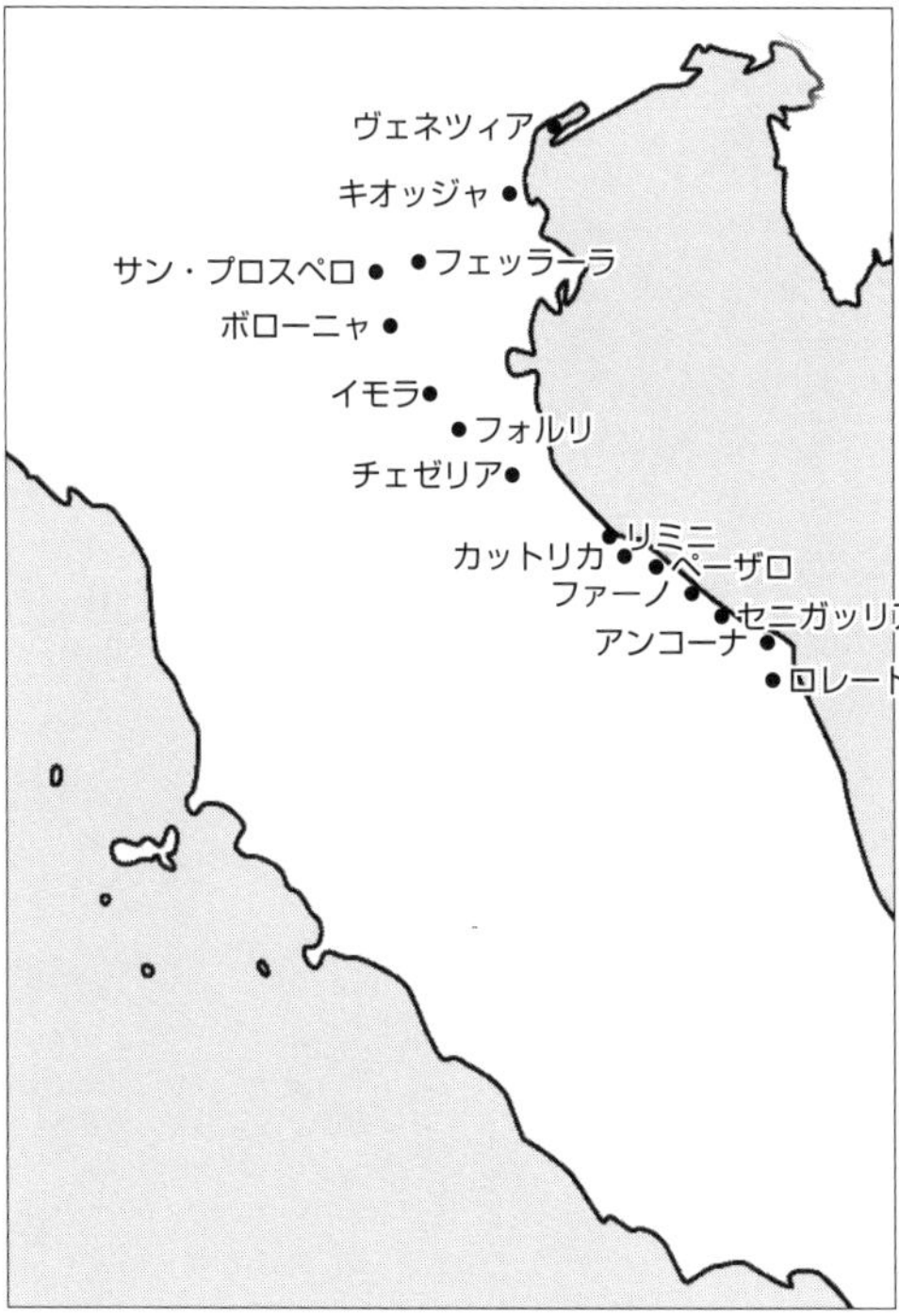

図50　ロレートからヴェネツィアまで

い。イモラへ立ち寄ったのは、一八日午前のことであり、歓迎が催されたことがイモラ市議会決議に記されている（『大』②30）。伊東マンショたちは、彼らの歓迎に謝するべく、日本語およびイタリア語訳を併記した感謝状を認めた（『大』②31-32）。筆を執ったのは、ジョルジェ・ロヨラで、町の人々の依頼があった（『新』146）。

ボローニャには二二日まで滞在した。一九日の動向は『元老院日記』には記されていない。二〇日は聖体の祝日にあたり、教皇使節サルヴィアーティを先頭とする、聖サクラメントの行列に加わり、サン・フランチェスコ教会へ赴いた（『元老院日記』）。行列後の出来事として、ボローニャ大司教パレオットの同伴により、ドメニコ会の創始者聖ドメニコの遺骸などを見学した（『フ』497）。二一日の朝、「チェルトーザ（Certosa）」を訪問した。「チェルトーザ」は、「山荘」（『グ』133）とも、「カルト教団の僧院」（『大』②18）とも訳出されるが、シャルトルーズ派の僧院を意味し、こののちいくつかの町で訪れている。枢機卿が訪問を勧めたようだ（『新』150）。二〇時にはコレジオへ戻り、さらに教皇使節・大司教らを訪問した（『元老院日記』。『新』150）。二二日はフェッラーラ（Ferrara）へ向けてボローニャを出発した。

ボローニャ出発の頃、使節団の帰路について興味深い記述がある。『元老院日記』は、出発の記事につづいて、彼らがスペインから地中海・紅海の最短経路により帰国する意図があることを付け加える（『大』②21）。この航路が実用されることはなかったが、地中海交易を通じて中東地域とも密接な連絡があったヴェネツィア訪問直前の情報であることを顧慮するならば注目に値する。古来からの交易に加え、この頃のヴェネツィアでも、中東への関心は高かった。使節団訪問ののち、一五八九年に実施された上エジプトやヌビアへの旅行の記録をまとめたのがヴェネツィア人だと推定されている。ヤコポ・ロブスティはエジプトを題材に絵を描く。彼は、使節たちの肖像画を依頼されたティントレットだといわれている。また、『元老院日記』のほかの部分に収められたヴィタレ・パパッツォニの詩の間には、「ローマに行き、尋《つ》いでイスパニヤに帰り、ブラジルに沿ひて大洋を渡り、南マゼランに至り、ペルーに達し、嘗《かつ》て離るゝことなき耶蘇会《やそかい》の輩《やから》とともに日本に至り、その国王の手に接吻せん、（『大』②23-24）」とあり、帰途が、ブラジル、マゼラン海峡、ペルーを経由する経路と描いている点は、どのような情報に基づいたものなのか、これまた印象的な内容である。

図51　フェッラーラ（2003年11月22日撮影）

　フェッラーラへはベヴィル・アクァ伯が随行し、途中、サン・プロスペロ（San Prospero）の居城に立ち寄りながら、歩を進めた（『フ』497、『新』155）。フェッラーラ公爵アルフォンソ・デ・エステ二世は、皇帝の支配から自由でありつつも、教皇へ対しては貢納の義務を負う立場と説明される（『サ』490）。フェッラーラでは、公爵館内のフランス国王が宿泊した部屋が宿所として提供される厚遇ぶりであった。フェッラーラ公を訪問する際には和服を着用し、晩餐を共にしたともいわれる（『フ』498）。ここで、使節団に提供された食材および日用品について、モデナ国立公文書館に現存する「パンの帳簿」「日用品帳簿」から、二二日から出発後の二九日までの詳細を知ることができる（『大』② 43-75）。二三日は聖ジョヴァンニ・バッティスタの祭日であり、大聖堂でのミサに参列した。二四日に至り、中浦ジュリアンはふたたび高熱に倒れた。公は医師に診察を命じ、自らも見舞った。午後は他の三名に馬術を披露したという。こうした歓迎ぶりに応えてか、翌日の出発を決めたその日の夕方、一行は暇乞いの挨拶のため和装にてフェッラーラ公爵夫人ならびにウルビーノ公爵夫人を訪問した（『新』156）。ふたりは姉妹である。さらに、フェッラーラ公へ和服と大友義鎮所持の刀を贈呈したから、使節団の感激ぶりは察するに余りある。翌二五日、フェッラーラ公の船により水路ヴェネツィア（Venezia）を目指して出航した。イタリア有数の大河ポー川を下り、河口まで行くとキオッジャ（Chioggia）へ着く。ここはすでにヴェネツィア共和国領である。ここでも歓声・拍手・楽器・花火などに迎えられて一夜を過ごした。ヴェネツィアへ到着したのは翌二六日のことであった。

北イタリアをめぐる

ヴェネツィアでの滞在については、邦訳で親しめる諸文献のほか、マルチャーナ国立図書館が所蔵（IT. VII 321〈8838〉ff.301r-308r）する『一五八五年に教皇聖下へ服従を誓うべく組織・派遣された四人の日本人公子の旅およびヨーロッパとローマへの到来の報告（Relazione dell'arrivo〈depennato〉del viaggio, et arrive in Europa et Roma de, quatro Prencipi Giapponesi venuti legati a dare ubidienza a Sua Santità l'anno 1585）』がある。この記録は、アドリアーナ・ボスカロ氏が『*Il Giappone*』第七号（一九六七年）誌上で翻刻を発表している。ボスカロ氏は著者ジローラモ・サヴィーナにちなみ一五八八年までに『サヴィーナ年代記（*Cronaca detta Savina*）』と名付けられたことを紹介する。本書でも、以下は比較的簡単なこの呼称に従う。『サヴィーナ年代記』の日本関係箇所全体は、ポルトガル商人により日本が確認された時点にはじまるが、使節団のヴェネツィア滞在については、三〇六葉裏以降にみえる。伊東マンショと千々石ミゲルが「大使」の称号にふさわしいか否かは、当時も研究史上もしばしば議論の対象となるが、ここでは「日本の紳士たち（Signori Giapponesi）」という表現とともに「ふたりの大使たち（due Ambasciatori）」といわれる。

図 52　ヴェネツィア（2012 年 11 月 23 日撮影）

ヴェネツィア到着の日、彼らはサン・スピリト島の修道院にて議長イエロニモ・リッポマーノ等、三〇人の元老院議員などと面会した（『サヴィーナ年代記』）。議員の人数を四〇名とする記録もある（『フ』526）。そののち、多くの出迎えの船を伴って、イエズス会の修道院へ向かう。その航路はサン・マルコ広場付近から大運河へ入り、そこからサン・トロヴァソ川（rio di San Trovaso）へ入るものといわれる（『サヴィーナ年代記』）。さらにジュデガの運河へ出て、宿舎のイエズス会の修舎へ着く（『新』173）。これは、ヴェネツィアの美しさを知るために、まずサン・マルコ広場を見せようとした総督ニコロ・ダ・ポンテの計らいであった（『フ』528）。総督は九五歳の「善良な老人」であり、聴力が衰えていた（『新』161）。夜には教皇使節の訪問を受けた。二七日にはヴェネツィア総大司教や神聖ローマ皇帝大使など外国大使の訪問を受けた。また、面会日は未詳だが、サヴォイア公爵大使からは、トリノへの招待を受ける（『新』161）。

二八日には総督との謁見があり、多くの元老院議員が使節団を総督の館（Palazzo Ducale）へ導いた。『日本使節ヴェニス市来訪の記』（『大』②128-132。以下『来訪の記』）は、随行した議員の数は三〇名だったと伝える。総督の館は、現在もヴェネツィア観光の中心であるサン・マルコ広場に位置し、謁見に使われたのは、コレジョの間（Sala del Collegio）である。謁見の次第は『ヴェニス議院における日本使節応接記録』（『大』②96-102）に詳しい。使節たちが日本語で述べた挨拶をイエズス会員、おそらくメスキータが通訳した。ヴェネツィア共和国の都をみることを切望し、それが実現した今、帰国後にその栄光と使節団への厚遇を国王に語ると述べ、総督はその見聞と総督の好意の伝達を希望する旨を応えた。総督の応答は明らかに略述されている。一行は、和服と刀剣類を贈呈した。贈呈品はのちに一〇人会議室に収められた。謁見ののち、一〇人会議室の武器やサン・マルコ寺院の宝物などをみて、さらにはムラーノ島でガラス加工を見学した。フランス大使を訪れたのも、この日である（『新』174）。

ヴェネツィアでは、サン・マルコの日、すなわち六月二五日にヨーロッパでも有数の行列をおこなっていた。ところが、この年は、使節団の到着にあわせて二九日土曜に延期される。二八日とするものもあるが（『グ』144）、『来訪の記』、二九日付エステ家使臣カミルロ・デラ・クロチェ書簡（『大』②117）などにより二九日と判断する。したがって、謁見の翌日には、この行列をはじめは総督とともに、のちにフランシスコ・ディ・プリウリの邸宅で観覧し（『来訪の記』）、ディ・プリウリと昼食（almoço）兼夕食（jantar）をともにした（『フ』533）。行列の最後には、ローマでの使節団の教皇との謁見の場面を表現したものもあった（『グ』145）。そののち、リード城を訪れて夕食をとった（『新』175）。六月三〇日および七月一日の動向は、七月六日付カミルロ・デラ・クロチェ書簡が伝える（『大』②118または同93ローマ通信）。六月三〇日日曜には大会議室すなわちコレジョの間において投票を見学し、七月一日月曜には教皇大使から夕食に招かれるほか、神聖ローマ皇帝大使、フランス大使を訪問した。七月二日にはヴェネツィア市に宛てて、三日にはフェッラーラ公へ宛てて感謝状を認める。この日には兵器工場（『来訪の記』）、あるいは造船所（『新』175）を見学し、紳士や司祭たちと晩餐をともにしたらしい（『フ』533）。四日には、告別のため総督をコレジョの間に訪れ、二日付の書簡を渡した。これに対しヴェネツィアは、第一に使節四名の肖像画を大会議室に掲げる計画を発表し、第二には象牙製の十字架のほか、鏡・織物などを贈った。七月四日付アレッサンドロ・レニ書簡も、二〇〇〇スクードの肖像画が大広間へ掲げられる予定と伝える（『新』168-169）。この段階ではスケッチができていた

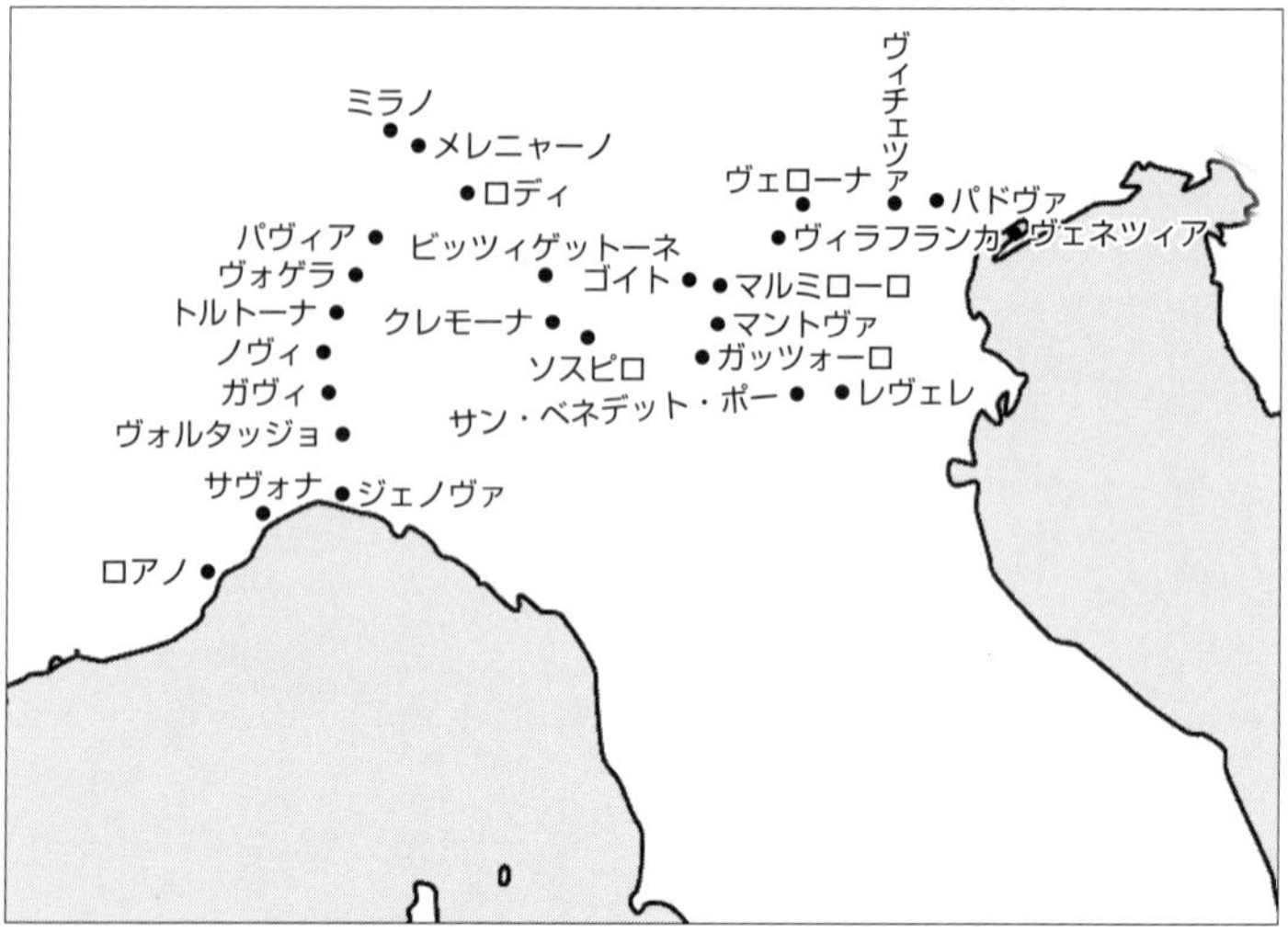

図53　ヴェネツィアからジェノヴァまで

ものの、出来が悪く作業が継続されることになった（『新』181）。五日の動向は管見の限り明らかではない。このほか、日付は未詳だが、カステル・ヌオヴォ、サン・ジョルジョを訪れたり、ゴンドラにも乗っている（『新』179）。こうして使節団の全行程のなかでも異彩を放つヴェネツィア滞在を終える時が来た。マルチノとジョルジェの目には涙があったと伝えられる（『新』181）。

七月六日、ヴェネツィアを出発し、サン・ジョルジョ・イン・アルガ（San Giorgio in Alga）島の修道院で夕食（jantar）を取り、本土に入り、ブレンタ川（『グ』146）、おそらくはブレンタ運河（naviglio del Brenta）の水運により、パドヴァ（Padova）へ到る。この行程を通じて治水技術を見学したといわれる（『サ』545-546）。パドヴァは、アレッサンドロ・ヴァリニャーノが学んだ地であるほか、リスボン出身の聖人サンタ・アントニオ終焉の地でもある。

メルチョール・ギランディスからアブラハム・オルテリウスの世界地図を贈与されたことは特筆に値する（『サ』547-548。『新』176）。パドヴァを発ちヴィチェンツァ（Vicenza）へ向かったのは、翌七日（『グ』147）とも、一〇日（『サ』548）ともいわれているが、九日火曜である（『大』②170。『新』182）。ここでは劇場において音楽の歓迎を受け、演説をたむけられた（『サ』548-549）。オリンピコ劇場にはその時の様子を描いた歓迎図が現存することからも、おそらくはこの劇場が歓迎に使われたのであろう。翌一〇日にはヴェローナ（Verona）へ発つ。ここで歓迎の演説をしたのは、大学教授ヴィチェンツォ・パッツィエッロだとされる（『大』②171）。このほか彼らを讃美する詩が朗読された。ヴェローナの滞在日数は二日とする記録（『サ』549。『グ』148）があるが、次の目的地であるマントヴァ（Mantova）へ到着する一三日までの滞在とみるべきであろう（『大』②174）。軍事教練の見学などをし（『サ』549）、行政官と部隊長に、日本語の「いろは」と、使節の短い文章と名前を記して渡した（『新』182）。

マントヴァへの移動の途中には、ヴェネツィア領とマントヴァ領の境界ヴィラフランカ（Villafranca）で、マントヴァ公爵グリエルモ・ゴンザーガの兄弟ムティオ・ゴンザーガが出迎えた。公妃エレオノーレ・フォン・エスターライヒは神聖ローマ皇帝フェルディナンド一世の皇女、スペイン国王フェリペ二世の従妹である。マントヴァ郊外のマルミローロ（Marmirolo）に到着した時点のことは、ゴンザーガ家別邸の守衛であるジャンバッティスタ・ヴィジーリオの『雑録（*Insalata*）』第七二章に記されている。この記録はマントヴァ国立公文書館（fondo Carlo d'Arco）に架蔵されており、コスタンテ・ベルセッリ「一五八五年のマントヴァにおける日本の王子たち（PRINCIPI GIAPPONESI A MANTOVA

図 54　マントヴァ（2003 年 12 月 5 日撮影）

NEL 1585)」（『Civilta Mantova』14, 1968）が紹介している。同書によれば、使節団がマルミローロへ到着したのは二三時のことであった。マントヴァ公爵の世子であるヴィンチェンツォ・ゴンザーガが、フランス人マルタ騎士団騎士やハンガリー人貴族を引き連れ、二二の馬車とともに待っていて、ともにマントヴァへ向かった。馬車の台数は記録によりまちまちである。マントヴァでは、公爵は腰痛であるため、シピオネ・ゴンザーガが出迎えた（『グ』151）。

翌一四日には公爵グリエルモが来訪し、ミサや昼食をともにした。公世子ヴィンチェンツォは自ら音楽を奏し、改宗したユダヤ教徒にミゲル・マンショと命名した。こののち、ヴィンチェンツォは市内を案内し、ピエトゥリの港へ行き（『新』195）、深夜には橋・公爵館や、城壁に灯火を灯し、さまざまな花火を楽しんだ。一五日には聖母の教会およびチェルトーザの修道院を、一六日火曜には近郊のサン・ベネデット・ポー（San Benedetto Po）の修道院を訪問した（『グ』152-155、『フ』557）。聖母の教会では釣りを、同日の午後にはマルミローロで狩りをし、マンショは猪《いのしし》をしとめた（『新』190）。チェルトーザは、ボローニャでも訪れているが、ここでは教会の帰途に立ち寄り（『新』190）、夕食をとった（os levou a jantar）（『フ』557）。船での移動だったようだ（『新』195-196）。

サン・ベネデット・ポーの修道院に記念碑があったこと、およびその文面は、一八七七年にグリエルモ・ベルシェーが著作を公にした頃にはすでに知られていたが、石碑の現物は失われた旨が注記されている。一九〇五年にはロゾリーノ・ヴェローディ氏が、石碑は現存し、教会外側の回廊の壁面に取り付けられていることを明らかにした。二〇〇七年に宮田光・ヴァレンティーナ夫妻がその所在を紹介したことで、日本でも話題となった。現在はポリローネ博物館に展示されている。本書における石碑に関する内容の一部も、宮田氏のご教示によっている。

図55　サン・ベネデット・ポー修道院の記念碑

この碑文によれば、使節四名が帰途に修道院を訪れ、ラタンツィオ神父がそれを記念して碑を建てた。碑文の日付は七月一五日である。小堀馨子氏のご教示によれば、最後の行の「SEXT（US）」は第六の月で八月の旧名、「CAL（カレンダエ）」は一日で、あわせて八月一日となる。それらの左にあるローマ数字の一八は、八月一日を含めて一八日遡った日を意味するため、七月一五日に比定できる。諸記録が伝える訪問日と一日のズレがある。当初は、マントヴァへはヴェローナ経由ではなく、レヴェレ（Revere）からの入市が予定されており、サン・ベネデット・ポーはレヴェレからマントヴァへの道筋にあたり、ここで宿泊し、入市の支度を整える段取りになっていた（『大』②162-163）。それがヴェローナから向かうとの情報により、ヴィラフランカ、ゴイト（Goito）、マルミローロからマントヴァへ入り、サン・ベネデット・ポーはマントヴァ到着後の見学に変更されたのだ（『大』②167）。

一七日には小聖堂と公子夫妻を訪れた（『新』190）。公爵を訪れたともいう（『新』197）。一八日朝の告別に際して、公爵は剣などを、公世子は鎧や大砲などの武具や時計などを贈った。使節はこれにこたえてヴェローナ同様に「いろは」などを書いた紙片と（『新』205）、和服と剣を贈った。さらにゴンザーガ家は、帰国にアニバル・セッラトゥーラを従僕として同行させることを提案し、駐マドリード大使を通じてスペイン国王にも通行の便宜を図るよう交渉を試みている（『大』②152-153。『フ』557-558。『新』190）。

公世子は、マントヴァ領の境界であるガッツォーロ（Gazzuolo）まで使節団を見送った。ここで一泊し（『サ』558）、翌一九日に出発、ソスピロ（Sospiro）を経て（『新』211）、クレモーナ（Cremona）へ到着した。ここはすでにミラノ領で、入市の少し前に枢機卿代理が出迎えた。ニッコロ・スフォンドラト枢機卿は病気と説明されたが、入市後に病を押して出迎えた（『グ』158）。枢機卿と一行とは、ローマで知己をえていた（『サ』559）。クレモーナへは二日滞在し、出発の日には枢機卿は彼らへ黄金の十字架を与えた（『サ』560）。枢機卿の求めに応じ、ジョルジェは日本語を書き、マンショは楽器を奏でた（『新』212）。二一日月曜にクレモーナを出発し、ビッツィゲットーネ（Bizzighettone）へ宿泊した。

ここでアニバル・セッラトゥーラがマントヴァへ引き返したことを知り、マンショはマントヴァ公世子ヴィンチェンツォに対し、故国へ連れ帰る約束を果たせなかったことを詫びる書簡を認めている（『大』②178）。翌二三日にロディ（Lodi）へ出発、到着した。ロディでは二泊し、二四日には剣の舞や鉄砲を駆使した人形劇などの演芸を観賞した（『サ』560-561）。行政官が、曲芸師たちを使節団のために呼んだのだ（『新』208）。二五日にはミラノ（Milano）へ向けて出発した。途中、メレニャーノ（Melegnano）で饗宴があり、ミラノ大司教代理が出迎えた（『サ』562）。ピニャスコ（Binasco?）で昼食をとり（『新』213）、いよいよミラノ入市である。

図56　ローマ門〈1598年完成〉（2010年9月5日撮影）

　ミラノ入市の様子は『ウルバーノ・モンテ年代記』に描かれている。使節団はローマ門（Porta Romana）からミラノへ入城した。彼らは総督（Governatore）・大書記官・元老院議長・判事長らに導かれ、夕立ちのため帽子を着用していた。ミラノ公爵はスペイン国王フェリペ二世で、その名のもとにテラノヴァ公爵カルロ・ダラゴンが総督として統治にあたる。入城ののちには、ブレラ（Brera）のイエズス会のコレジオの宿所へ案内された。この歓迎については、一六日にダラゴンがスペイン国王へ書き送っている（『大』②208-209）。翌二六日にはテラノヴァ公爵の親族たちやフェッラーラ貴族、ヴェネツィア大使などの訪問を受けた。二八日の日曜には大司教からミサおよび饗宴への招待があった（『グ』163-164）。八月二日にはマンショはマントヴァ公世子へ対して和文に伊語訳を付けた書簡を認め、滞在中の厚意への謝礼を述べた。また、ミラノでは大砲鋳造などの防御態勢に大きな衝撃を受けたといわれる（『サ』568-570）。スペインへの船がジェノヴァから出帆する旨の知らせを受けて、八月三日にミラノを出発した模様である（『大』②204、『サ』570）。

いよいよスペイン行きの船が待つジェノヴァへ向かう。三日はチェルトーザの修道院に滞在した。いわゆるパヴィア修道院（Certosa di Pavia）であり、ミラノ初代大公ジョヴァンニ・ガレアッツォなどミラノを統治した一族の墳墓がおかれている。フェデリーコ・ボロメオ伯爵と、ここで面会した（『新』219）。翌四日はパヴィア（Pavia）市内へ入った。五日にはヴォゲラ（Voghera）を経由し（『サ』570-572）、トルトーナ（Tortona）に滞在した。ヴォゲラでは、マンショはテラノヴァ公爵に宛てた礼状を認め、トルトーナでは、メスキータらが「日本のある物」をみせるべく公爵館へ赴いている（『新』220）。六日、ジェノヴァ領のノヴィ（Novi）、ガヴィ（Gavi）、ヴォルタッジョ（Voltaggio）を経てジェノヴァ（Genova）へたどりつく（『フ』582-583）。六マイル手前のアックェからは多くの人が出迎えた（『新』221）。

日本への長い帰路

図57　ジェノヴァ（2005年12月29日撮影）

ジェノヴァからリスボンまで

ジェノヴァ到着の翌七日には荷物の整理などをし、八日には聖ロレンソ教会を訪ね、総督を表敬した（『新』221）。八日の午後八時とも（『フ』585）、第二三時、すなわち午後九時とも（『グ』170）、二四時とも（『新』222）いわれる時間に、バルセロナ行きのツァネチーノ・スピノーラ艦隊のガレー船に乗り込み、翌九日出帆した。途中、サヴォナ（Savona）沖に停泊し、ローマから同行したイッポリト・ヴォリアと別れた（『新』222）。ヴォリアはその後しばらく情報を収集し、ロアノ（Loano）からマルセイユへ行ったとの伝聞を伝える（『新』224）。バルセロナへ到着したのは八月一七日のこととされる（『グ』171）。『サンデ』（577）は一六日の到着とするが、出帆を八日と認

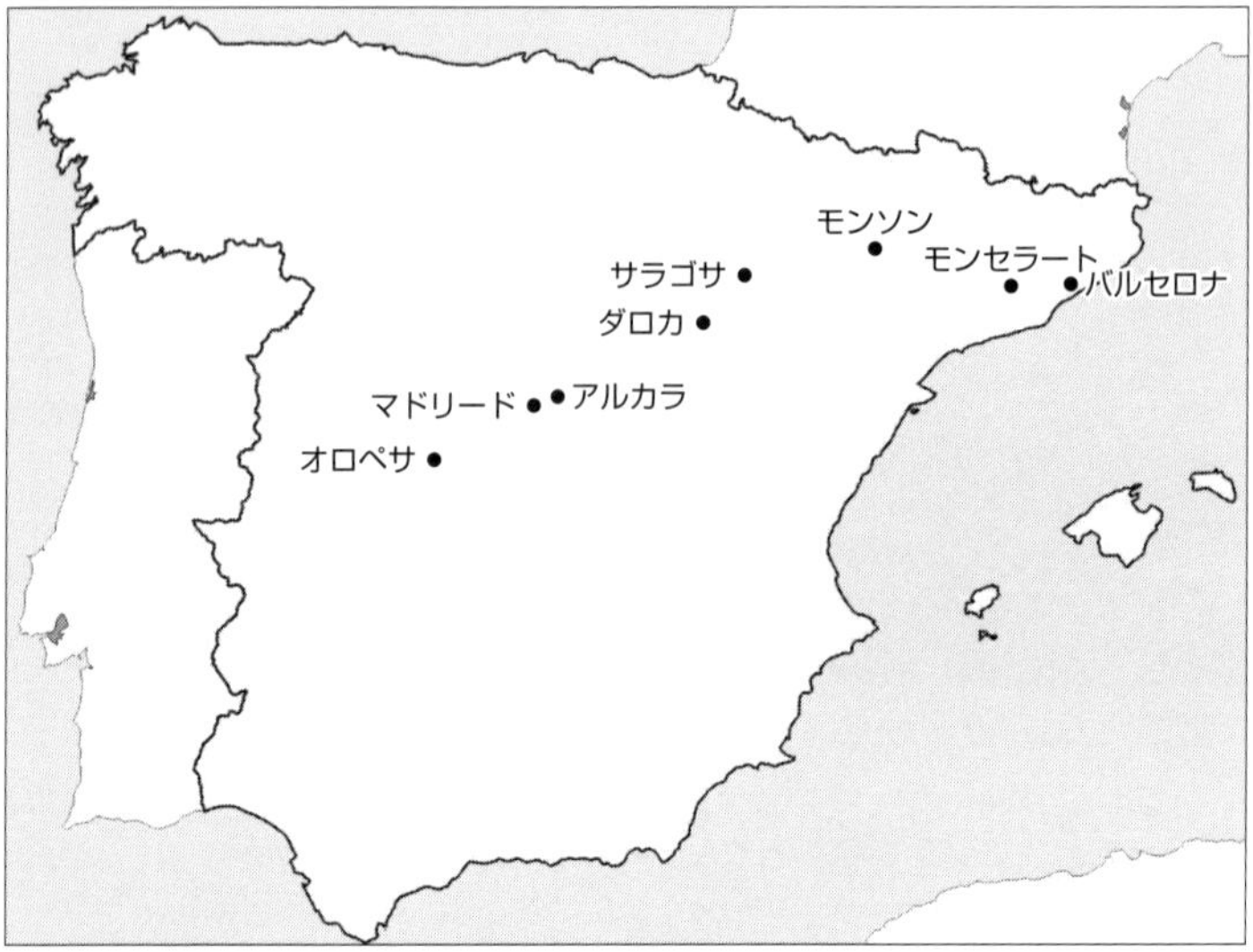

図58　帰路バルセロナからポルトガルまで

識しているために到着日にも一日の相違が生じたものと思われる。バルセロナへは九月九日まで滞在することになるが、これはジュリアンが発症したためで、この間に一行は霊地巡礼や休養をした。教皇大使は、使節団に対して冷淡であったとの感触が伝えられている（『新』233）。これは大使本人の考えによるものか、ヴァチカンの指示によるものか。

バルセロナ出発後は聖母マリアの聖地モンセラート（Montserrat）を経て、フェリペ二世が待つモンソン（Monzón）へ向かう。往路とは異なり、フェリペは離宮のあるモンソンへ滞在中であった。岡本良知氏は、モンセラートへは九日から一一日まで滞在し、三日間の旅程ののち、一四日にモンソンへ到着したと推定している（『フ』620）。モンセラート滞在の二日目に、修道院長は使節行についての演説をし、その翌日には大友義鎮への書簡を書いた（『新』230）。モンソンではフェリペ二世、王太子・王女らが歓迎し、フェリペ二世はリスボンの枢機卿アルベルト・アウストリアおよびインド副王へ書簡を認め、使節団の保護を命じた（『サ』580-581）。国王は、イタリア旅行の感想などを尋ね、使節はこれに対し見聞録を進呈した。さらにテラノヴァ公爵などの訪問を受けたといわれる（『フ』604-605、『新』232-233）。モンソン出発は九月三〇日のことと思われる（『新』237）。サラゴサ（Zaragoza）では、学生たちによる使節行を描く演劇が上演されたほか、聖ヤコブにまつわるムスリムとの闘争の伝説が記されているため（『サ』581-582）、レコンキスタに関する知識を得たものと思われる。その後、同じくレコンキスタにまつわる伝説の地であるダロカ（Daroca）へ立ち寄り、遺物を見学、アルカラではアスカニオ・コロンナの饗宴に招かれ、クラヴィチェンバロを贈呈された。アルカラには一〇月一五日、マドリードには同月一八日以前に到着している（『新』238-239）。マドリードでは王妃・枢機卿・トレド大司教などに挨拶をし、オロペサ（Oropesa）を通り、ポルトガルへ入る（『サ』583-585）。

ヴィラ・ヴィソーザでは往路と同様に、ブラガンサ公爵夫妻などが歓迎をし、狩猟・饗応などを楽しみ（『グ』174）、四日間を過ごした（『サ』586）。そののちにエヴォラへ移り、一〇～一二日滞在した（『グ』175）。エヴォラでは大司教テオトニオ・デ・ブラガンサが肖像画を贈るなどの歓待をした（『サ』586）。また、ブラガンサ公爵からの贈り物があり、それは一一月五日のことといわれ（『フ』606）、エヴォラ滞在がこの日をまたいでいたことがわかる。七日の木曜には、教授や学生による演劇や演説がおこなわれた。九日土曜には大司教の案内でヴァルヴェルデの別荘を訪れたほか、一〇日日曜にはサント・

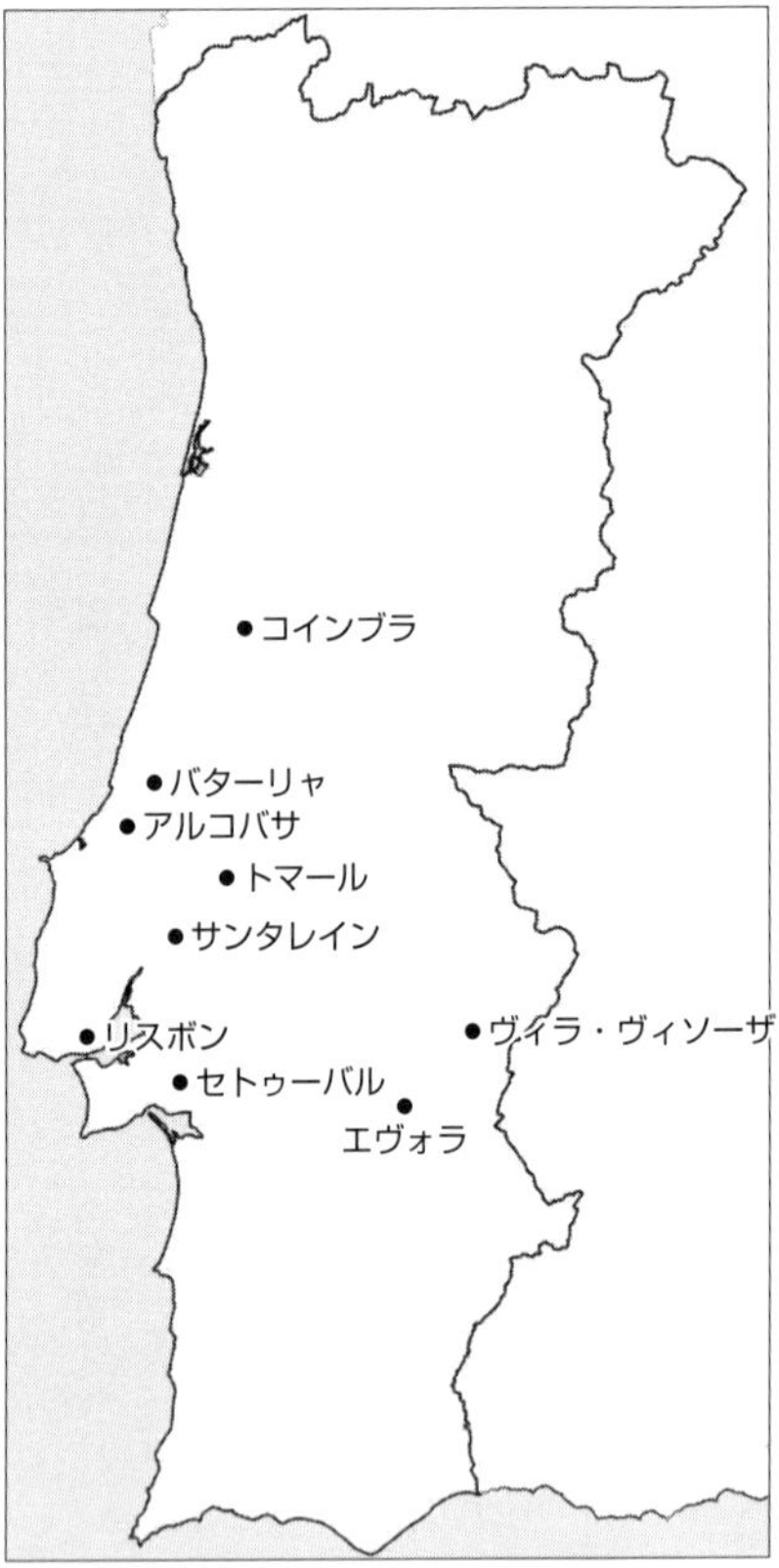

図59　帰路ポルトガルでの滞在地

アントニオ修道院、一二日火曜にはエスピニェイロの修道院を訪れた（『フ』606）。エヴォラにおけるこうした歓待は、インド副王フランシスコ・マスカレーニャスの故郷であることに一因があった（『サ』586-587）。エヴォラを出発してからは、セトゥーバル（Setubal）にあるヴァリスロセティの山荘を訪れ、そこから枢機卿アルベルト・アウストリアの船でテージョ川を渡り、ついにリスボンへ戻る（『サ』587）。日付は明確ではないが、一一月の後半であろう。

リスボン到着の翌日、一行は枢機卿を訪問した。ここからインドへ向けて出航することになるが、それが翌年三月までは延期となる見込みとなったため、コインブラ（Coimbra）へ出かけることになった。コインブラから使節団の訪問を熱望する使者がしばしば訪れたからだともいわれる（『サ』588）。一二月になってから、テージョ川を遡航し、サンタレイン（Santarém）、トマール（Tomar）を経て、二三日にコインブラへ到着した。サンタレインでは、ユダヤ人に借金をしたキリスト教徒の女性にまつわる伝説などを伝え聞いたらしい（『サ』589-590）。降誕祭前の月曜、すなわち二三日に彼らがコインブラへ近づいているとの報が届くと、ジョアン・ダ・ブラガンサは馬車を迎えに出した。エヴォラ大司教の甥フランシスコ・デ・ブラガンサも出迎えた（『フ』608）。ジョアンはマドリードで一行と知己を得ていた（『サ』340,592）。

図60　トマール（2003年7月6日撮影）

　コインブラ入市のため橋を渡る際には、歓迎の演説がおこなわれた（『フ』608-610）。降誕祭すなわち二五日には、大司教座聖堂のミサで大いにもてなされた。夜にはキリスト降誕の対話劇が礼拝堂で演じられ、ジョアン・ダ・ブラガンサとともに招待をされた。この日以降、大学首脳をはじめ多くの訪問を受け、同時に彼らもサンタ・クララやサンタ・クルス修道院を訪れた。一五八六年一月一日、司教は日本のキリスト教徒への賛辞を含む説教をした。日本人随行者ジョルジェ・ロヨラは日本語で説教をした。そののち、降誕劇が上演された。他の日には、漁や、司教とともに兎や鶉《うずら》の猟に同行し、大学へも立ち寄った。公現祭の翌日、すなわち七日には聖ジョアン・バウティスタの生涯の劇が上演された。これらの詳細は『フロイス』(611-615)にのみ記されているが、このほかに使節行に関する劇も上演された(『サ』607)。

九日金曜には、コインブラを出発し、バターリャ(Batalha)とアルコバサ(Alcobaça)の修道院へ立ち寄り、リスボンへ戻る。前者はポルトガル独立戦争の、後者はレコンキスタの戦跡である(『サ』613)。リスボンへ戻ってからは、枢機卿の援助のもと、航海のための食糧の調達などをおこなった(『フ』617-618)。フェリペ二世は食糧の提供およびインド副王宛の書簡を用意していた(『グ』177)。

リスボンからマカオまで

一五八四年八月一一日にリスボンへ上陸して以来、約一年八ヶ月の長きにわたって滞在したヨーロッパを後にする日がついに訪れた。その日は、一五八六年四月八日とも(『フ』618)、一二日とも(『サ』619)、一三日とも(『グ』178。『バ』〈『大』②268〉)いわれている。途中、座礁や暴風雨に襲われながらも、七月七日に喜望峰《きぼうほう》を回航し、そののちは魚釣りなどを楽しみ、八月九日、モザンビーク(Moçambique)へ接近しつつある頃、海岸と暗礁地帯を確認した。ここは海の難所であるばかりではなく、陸地に住むカフレ人(Cafares)は凶暴であり、船が座礁して砕けたら略奪をするために待っていると説明される(『バ』〈『大』②268-271〉。『サ』619-625)。カフレ人については、「ヨーロッパ最初の具体的日本情報」

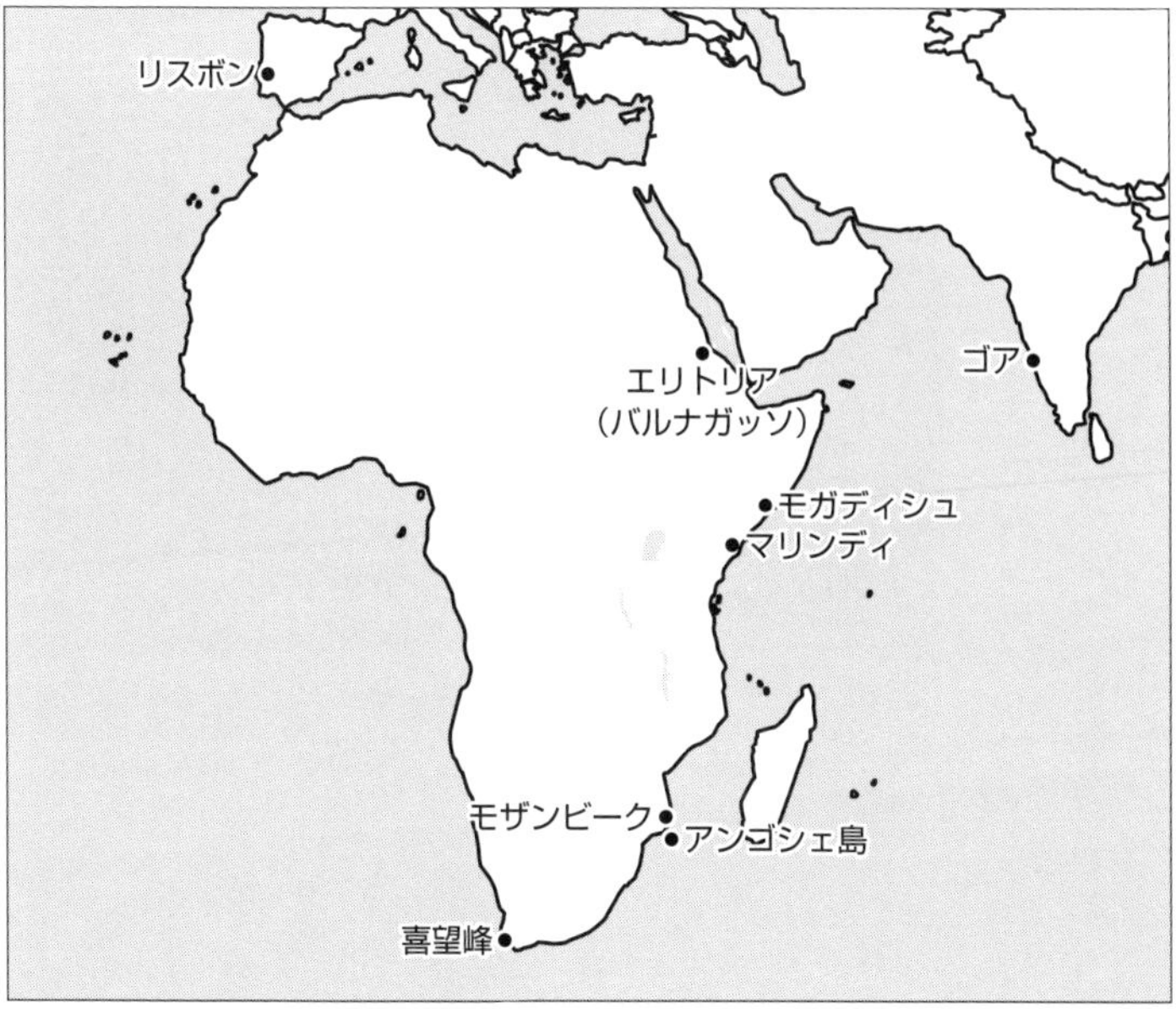

図61　帰路リスボンからゴアまで

の項で述べたように、日本ではその容貌が仏像と類似するとみなされて好印象だが、ここでは異なるカフレ人像が示される。座礁した船が、座礁地の人々の財産となるとみなす考え方は、フィリピンや日本でも存在し、一定程度の普遍性をもつ慣習でもあるだろう。とはいえ、かつてこの海域で遭難した船の乗組員の一部はカフレ人の奴隷となり悲惨な生活を余儀なくされた。そのなかにはイエズス会員六名が含まれ、うち四名は死亡、生存者二名のうちひとりはペドロ・マルチノだといわれている（『サ』629-630）。一行は、カフレ人のいる陸地に流されそうになり、臨終の祈りすらを捧げたというが、八月一三日に至り、風向きが変わり、一八日にはアンゴシェ（Angoche）島を確認し、

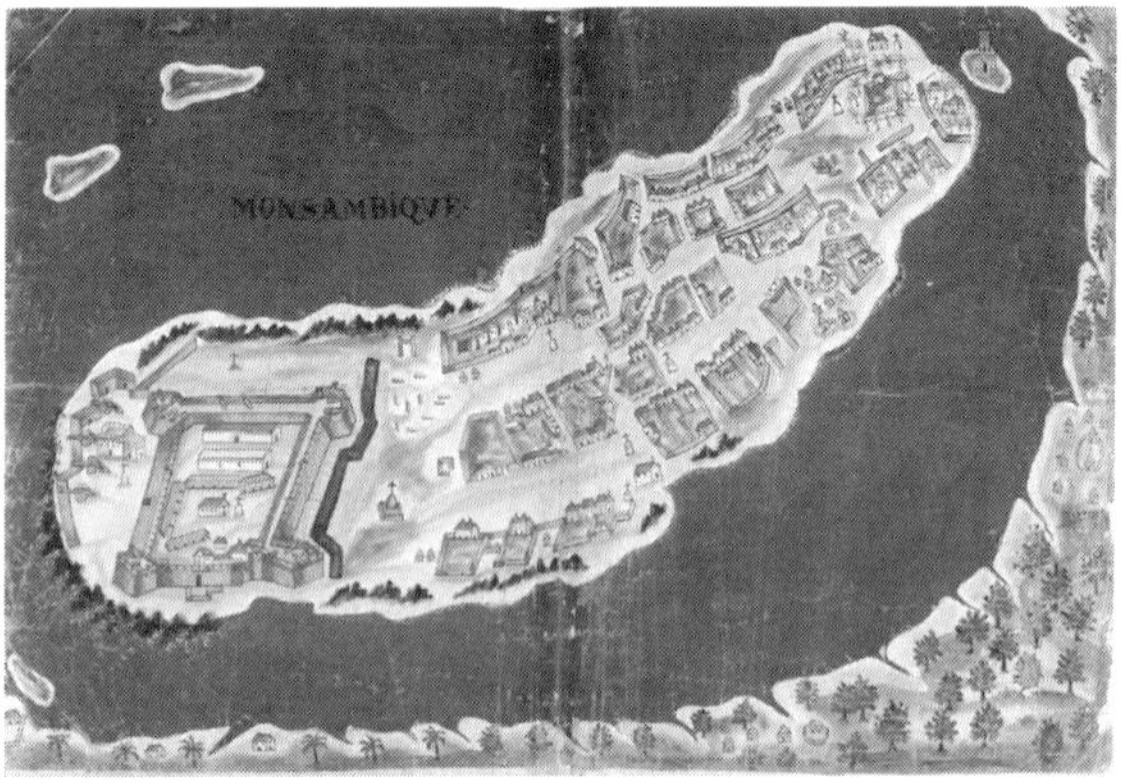

図62　モザンビーク：António Bocarro, *O Livro das Plantas de Todas as Fortalezas, Cidades e Povoações do Estado da Índia Oriental,* III（Lisboa: Imprensa Nacional - Casa da Moeda, 1992）

三一日にはモザンビーク島へ到着する。

モザンビークには三日間滞在ののち、ゴアへ出航しようとしたところ、海流に押し返されるばかりか、順風も翌年三月まで吹かないことを知り、滞在長期化を決断した。司令官ジョルジェ・メネゼスは大いに歓待し、便宜をはかった。この司令官は、後述するインド副王ドゥアルテ・メネゼスの親族である。年が改まり、一五八七年三月一五日に出航し、暴風や海流による困難を経験し、マガダショ（モガディシュ・Muqdisho）に一二日間の滞在を余儀なくされた（『サ』630-635）とも、マリンディ（Melinde）の方角に進んで、バルナガッソ（Barnagasso）に一五日間滞在したとも（『バ』〈『大』②276〉）伝えられる。バルナガッソは現在のエリトリアである。ゴアへは五月二九日に到着した。

ゴアでは、アレッサンドロ・ヴァリニャーノと再会し、インド副王ドゥアルテ・メネゼスらが出迎えた。六月四日には原マルチノが使節行の概略と成果についてラテン語で演説をおこなった（『サ』636-639, 698-712）。また、シスト五世、フェリペ二世（『バ』〈『大』②291〉）、ヴェネツィア総督（『大』②

277-280）やトスカーナ大公（伊川2007、273-277）などへも感謝状を書いた。

いよいよ日本帰還が射程に入る。天下の大勢は、関白殿すなわち豊臣秀吉に収斂《しゅうれん》しつつある中で、インド副王から秀吉への使節派遣の必要性が浮上する。その理由は、織田信長同様にキリスト教徒を厚遇する秀吉への謝意を示すため（『サ』640）とも、将来においても秀吉のキリスト教への好意を確保するためともいわれる（『バ』〈『大』②288〉）。後者においては、秀吉は傲慢であり、心が移ろいやすい人物とされ、キリスト教を嫌悪する側近がいることが説かれ、将来におけるキリスト教弾圧の危険性が示唆される。伴天連追《ばてれんつい》放令《ほうれい》が出されたのは、西暦一五八七年七月二四日で、使節団のゴア到着の約二ヶ月後であり、彼らは追放令をしらない中で、将来の危険性を見出す。

図63　ゴア（2004年11月28日撮影）

インド副王使節派遣のため、メネゼス書簡が用意される。その日付は一五八七年四月であり、追放令以前であるばかりか、使節団のゴア帰還以前であり、やや疑わしい。使節は、アレッサンドロ・ヴァリニャーノを正使とし、伊東マンショら四名は通訳およびヴァリニャーノの同僚として一団を構成する。通常われわれは、天正遣欧使節といえば、長崎を起点に長崎へ帰着したと考えがちで、旅程としてはそれに相違ないのであるが、使節計画が主としてゴアで具体化され、ゴア帰着後にマルチノが演説し、ヨーロッパへの感謝状が送られ、さらにはインド副王による秀吉への別の遣使計画が登場する。その意味では、天正遣欧使節の発着地はゴアだったのだ。ローマ教皇はキリスト教に入信し、教皇宛書簡を送った大友・有馬・大村の三氏に返書を準備しても、豊臣秀吉宛へは書簡を準備していない。ゴアでの仕切りなおしは、そういう観点からも必要だったのであろう。したがって、ヴァリニャーノを中心とした一団を、本書では遣欧使節と区別して、副王使節とよぶことにする。副王使節は、リスボンで枢機卿から与えられた衣服を着、マントヴァ公爵父子から贈られた武具、フェリペ二世から贈られたアラビア馬に加え、インド副王の馬具を合わせて秀吉への進物とした（『バ』〈『大』②289〉）。一五八八年四月二二日、副王使節はゴアを出発し、七〇日ののち、七月一日にマラッカへ到着、一三日に出航し、八月一一日にマカオへ到着した。

伴天連追放令の日本へ

マカオ到着後の詳細は明らかではない。一行がマカオを出発し、長崎へ着いたのは天正一八年六月一七日（一五九〇年七月一八日）のことである（『バ』〈『大』②295〉）。『フロイス日本史』では同月一八日のこととされる。すなわち、彼らのマカオ滞在は約二年に及ぶ。その理由について、ひとつにはマカオから日本へ向かう季節風を待つため、ふたつには日本とマカオを往復する商船の航海が中止になっ

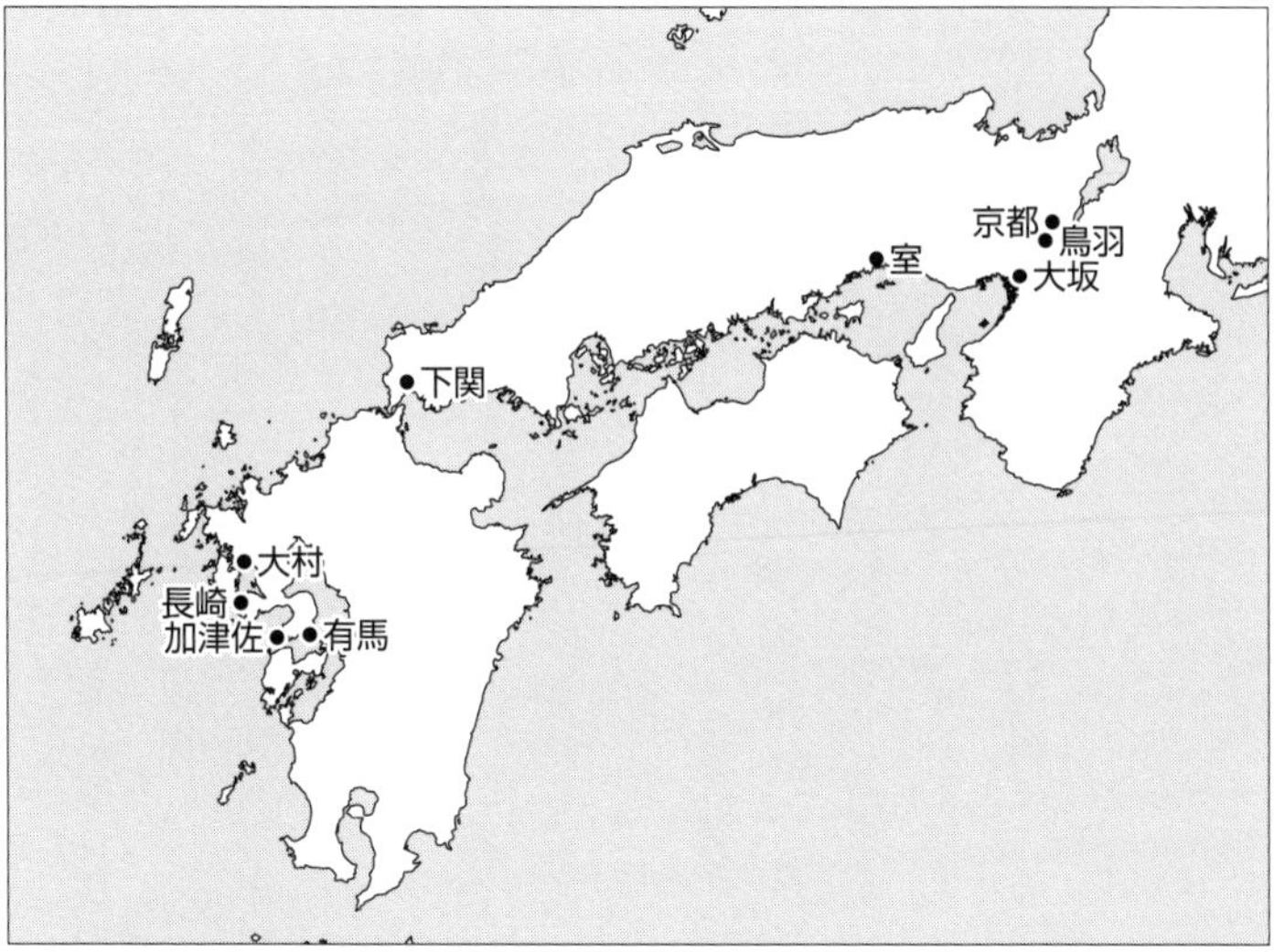

図 64　帰国後の日本での足跡

たこと、三つ目には日本で伴天連追放令が出され、司祭たちが国外追放となったとの情報が届いたことがあげられる（『サ』675-676）。日本への渡航の機会をうかがう間、ヴァリニャーノは、マンショら四名が各々毎晩つけていた日記に基づき、彼らの使節行を一巻の書物に編纂し、ラテン語に訳して出版した（『バ』〈『大』②293〉）。訳者の名はドゥアルテ・デ・サンデであり、この書こそ『天正遣欧使節記』（『サ』）にほかならない。表紙には一五九〇年にマカオで出版された旨が明記されている。

ところで、伴天連追放令は五ヶ条にわたって、キリシタン布教の禁止、仏教寺院などへの破壊活動の禁止、「伴天連」は二〇日以内に帰国すべきことなどが命じられている一方で、商売目的での来日を認めた法令で、天正一五年六月一九日（一五八七年七月二四日）に博多の筥崎八幡宮の鳥居脇に掲げられた。ヴァリニャーノが追放令に言及した初見は、一五八八年一一月六日付ポルトガル国王フェリペ一世宛書簡であり、彼が追放令を知ったのはマカオ到着後のことと考えられる。副王使節が入国へむけて準備していた日本は、そのような環境にあった。

帰国後の様子については、フロイス『日本史』第三部第一、五、九、一一～二〇、二三、二五～二六の各章などに詳述されている。第一七章以降は後日談である。一五九〇年七月一八日(『バ』では二一日)に長崎へ帰着した副王使節は、多くの人びとから歓迎された。翌日には大村純忠の子喜前が、その翌日には有馬鎮貴が訪れた。純忠は天正一五年五月一八日(一五八七年六月二三日)に他界しているためである。さらには、彼らの派遣に書簡を添えたもうひとりである大友義鎮は天正一五年五月六日(一五八七年六月一一日)に他界している。千々石ミゲルはマカオからの航海中に病んでおり、帰国後もしばらくは癒えなかった。とはいえ、有馬鎮貴はそんなミゲルを認識したほかは、出発から八年半の時間が過ぎ、一行の容姿も一変したらしく、集った親族の誰一人として彼らを認識できなかった。その後、副王使節は、鎮貴の誘いにより有馬を訪れる。伴天連追放令下の政治状況を鑑み、鎮貴からの祝典の申し出は固辞した。ヴァリニャーノはそこへ三日間滞在したのち、加津佐へ移り一三日間の協議会を主宰した。一行はその間有馬に留まった(『日本史』第三部第一章)。

有馬から長崎へ戻ったのちは、大村へ赴いた。大村喜前は、長崎へ一族の者を派遣し、大村到着後は歓迎の宴を開いた。副王使節はヨーロッパで経験した名誉や歓待、驚くべきことについて語り、集まった人びとはそれに満足し、驚いた。そののち、喜前は有馬鎮貴とともに上洛することになったため、一行はふたたび長崎へ戻る（『日本史』第三部第五章）。

その頃、堺の代官で「室の主君」と称された小西立佐《こにしりゅうさ》は、秀吉から歓迎されるであろう見通しを、ヴァリニャーノへ書き送る（『日本史』第三部第九章）。また、小田原攻めの最中に、秀吉は浅野長政から副王使節到着の報を受けて喜び、長政に対して、京都の準備を整えるように命じた。上洛の人数は、直前に上洛した朝鮮使節の盛大さと遜色ないものとするために、二二名とされた。伊東マンショら四名とメスキータなどは海路、ヴァリニャーノ、オルガンティーノらは陸路、下関を目指した。ヴァリニャーノらは途中で多くの領主の誘いに応じて滞在し、下関で合流、さらに海路五日間で室へ到着した。室の統治は小西立佐に委ねられており、立佐は一行を歓待するように命じ、自らの邸へ宿泊させた（『日本史』第三部第一二章）。

副王使節はそこで約二ヶ月の滞留を余儀なくされた。取次ぎの浅野長政の上洛が遅れているためと説明された。陰暦正月を挟んだため、秀吉へ参賀へ向かう多くの大名たちに遭遇することになった。彼らの多くは地図を用いた一行の旅行譚、地球儀・時計・衣装などに讃嘆したという。その中に、大友義鎮の子義統もいた。義統は家督を継承した当初、キリシタンを処刑するなどの弾圧を加えたため、副王使節は連絡を絶っていた。義統は、この機会に事情を弁明して和解を請い、曲折ののちに許される。このほかにも黒田長政・小西行長との面会を果たし、千々石ミゲルの従兄弟である波多殿や伊東マンショの従兄弟とされる伊東祐兵《すけたけ》の訪問を受けた。マンショの母が町上だとするならば、祐兵はその兄である。彼らとの対話を通じて、秀吉が副王使節の上洛に警戒感をもっていることが明らかとなる。ようやく増田長盛《ましたながもり》が取次ぎとなることを申し出、上洛の目的が伴天連追放令に対するはたらきかけではなく、秀吉との面会のみにあることを条件に上洛が許可された（『日本史』第三部第一三章）。

秀吉から出発の命令が出ると、大坂へ上陸し、鳥羽への船の支度が整うまで三日間滞在した。この間に高山右近をはじめ、近隣の多くの信者の訪問を受けた。船が用意されると鳥羽まで行き、そこで宿泊をした。そこで華麗な衣装を着て都入りの行列を整える。迎える秀吉も長束正家《なつかまさいえ》と増田長盛を担当に、見物人が副王使節に無礼をはたらかないよう監視をさせたほか、米や薪を贈与した。都へ入ると、ヴァリニャーノと司祭たちは秀吉がかつて所有していた邸宅を宿所としてあてがわれ、伊東マンショら四名とメスキータらはその向かいの邸宅を提供された。天正一九年閏正月八日（一五九一年三月三日）、副王使節はついに聚楽第《じゅらくてい》へ招かれた（『日本史』第三部第一四章）。謁見の様子については、別項に譲る。

Ⅳ 天正遣欧使節の知的遺産

画：寺崎武男・連作キリシタン文化史的絵画―天正少年使節伝－静かな怒り（サイレントナイト）
（青山学院資料センター蔵）

ヨーロッパへの衝撃

貴族たちとの対話

使節団はヨーロッパ滞在中に、貴族たちと対話し、それぞれの文化を比べあった。また、使節団の経験や記録が持ち帰られ、豊臣秀吉との謁見の時などには直接語られた。それらの記憶は、江戸時代の禁教令のなかで、とりわけ中浦ジュリアンの殉教後の日本では忘れ去られたかにみえたが、明治となり岩倉使節がヴェネツィアを訪れた際に再発見される。本章では、彼らがヨーロッパ滞在中に、あるいは日本帰国後に残した記憶の痕跡に焦点をあてる。そのはじめに、彼らの滞在時に出版されたさまざまな書籍や、書きとめられた古文書のなかから、生きた対話に関わる内容を拾ってみよう。

使節団は往路、一五八四年九月中旬にポルトガルのヴィラ・ヴィソーザを訪れた。彼らはそこで、ブラガンサ公爵夫人カタリーナ・デ・ポルトガルから、日本人を紹介するという招待を受ける。現代であれば、ヴィラ・ヴィソーザに日本人などいるのだろうかといぶかしがるだろうが、彼らは本当にいると信じたようだ（『新』54）。公爵館を訪れると、そこには日本服を着、刀を差した、カタリーナの次男、すなわち現公爵の弟ドゥアルテが現れた。一行は驚き、喜んだことはいうまでもない（『グ』

68-69）。ドゥアルテが着ていた日本服は、一行から服を借り、それから型を取り、金の織物で作らせたものだと伝えられる（『グ』68、『サ』311）。ヴィラ・ヴィソーザ滞在は五月一六日から一八日であるため、仕立ては相当急速な作業だったに違いない。

スペインに入り、マドリードへの到着後、一一月一四日にはフェリペ二世との謁見がおこなわれた。

図65　ヴィラ・ヴィソーザ（2005年12月13日撮影）

一行が王宮へ向かう時の出で立ちは『グアルティエーリ』（72-73）に詳しい。謁見の儀式が終わったのち、フェリペと一行とが対話する（『フ』186-190。『サ』335）。フェリペは彼らの健康や衣服について質問をし、衣服には手を触れるほどの興味を示した。衣服ばかりではなく、刀をも手に取り、鞘《さや》や刀身の製法や、袴《はかま》の腰板《こしいた》、草履にいたるまで観察、質問をした。話が使節のスペイン語能力に及ぶと、メスキータは、彼らはラテン語を学んだためにスペイン語には堪能ではない旨を回答した。これらのほかにも、旅行や日本の事情などについて多くの問いを発したといわれている。使節が、竹製の文机や蒔絵《まきえ》の木鉢、籠、小樽などの工芸品を献上品として差し出すと、フェリペのみならず、貴族たちもその意匠に感嘆した。これらの品々についても問答が繰り返され、フェリペはこれらが中国のものとは異なる点を指摘し、小樽は酒を容れるものであるかを尋ね、メスキータはそうである旨を答えた。フェリペはさらに一行がお湯を飲むか、冬場に飲むのかを尋ねると、メスキータは常時飲むが、酒も醸造すると答えた。飲む時期を冬としている点、酒の文脈で語られていることから、一一月の面会の折、寒い時期に体を温める手段としての関心であろうと思われる。フェリペは、常時冷水を飲んでいたため、メスキータの回答に大いに驚いた。大友義鎮らの書簡を手渡す段には、日本語の文字と筆法を尋ね、さらに日本人随行者ジョルジェ・ロヨラが朗読を始めようとすると、読む順を尋ね、上から下へ読むことに感心した。王家の子供たちは、ヨーロッパ言語と異なる言語、発音のゆえに失笑を禁じえなかったといわれる。対話は四五分ほどだった（『新』56,73）。

ローマへ到着する直前の一五八五年三月一九日にモンテフィアスコーネを通過した際のことは、同地の公証人マニリオ・ロゼッリが書きとめた。この情報は、未邦訳であるのみならず独自の内容を含むため、若干の紙幅を割いて紹介したい。使節団は日本島（Isola del Jappone）の出身であり、年齢は一六〜一八歳、教皇の足へ接吻をするべくローマへ向かうなどの一般的な説明ののち、四名のうち二名は、フランチェスコ王とバルトロメオの王の甥（孫）だと述べる。名前はマルチノ（Martino）、ミゲル（Michele）、そしてその後の空白にジュリアンとマンショの名が連ねられていたと思われるものの、現在は欠損により判読できない。ロゼッリは彼らのうち、日本人イエズス会士であり、多少のラテン語能力を有する人物に接近し、彼から多くの彼の島の情報を得たと記す。その人物は、洗礼名ジョルジョ（Giorgio）、すなわちジョルジェ・ロヨラである。ジョルジェは異教徒だった時、シノイ（Sinoi）と名乗っていた。おそらく日本名であろう。従来知られていなかった情報ではなかろうか。彼の出自研究に資するものと思われる。彼から多くの日本語の言葉を聞き、そのうちのふたつを書きとめる。ひとつは、馬（cavallo）を「ウミ（humi）」といい、もうひとつはパン（pane）を「ムチ（muci）」というのだそうだ。後者は餅のことであろう。「ウミ」は、「ウマ」がイタリア語風に男性形複数に変化したものと推測する。仏教僧をイタリア語ではボンゾ（Bonzo）というが、この日本語由来の言葉も女性型ボンザ、男性型複数ボンジと活用する。ただし、この記事に即して考えると、イタリア語の「カヴァッロ」は単数型であるため、「ウミ」とは型式が対応しない面もある。

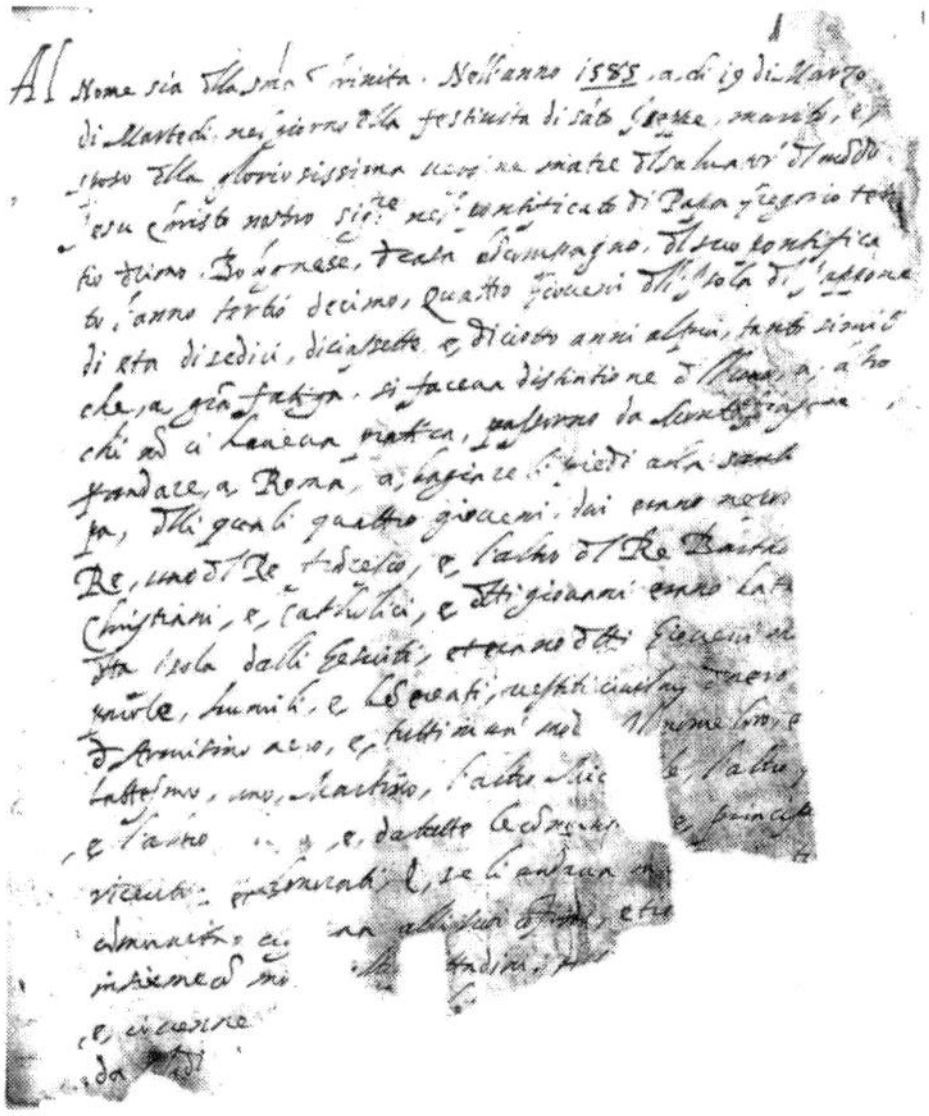

図66　マニリオ・ロゼッリの記録（Elettra Angelucci, "I Giapponesi a Montefiascone nel 1585"）

　ロゼッリの記録はさらに続く。彼らはモンテフィアスコーネへは昼食のために休憩し、ロゼッリのほか、カミッロ・ビセンツィが応対した。彼らの中のひとりは発熱していた。ジュリアンのことであろう。彼は二個の焼き卵とメロンの砂糖づけを食べた。日本でも酒は造られるが、彼らは飲まない。彼らの国では麦で作られたその種のもの、おそらくは焼酎が飲まれているといわれている点は、滞在中の出来事ではなく、日本での習慣に関する記述であろう。また、若者たちや、ジョルジェ、さらにはポルトガル人ジャコモ（Iacomo）も、熱すぎない、生温かい水を飲む。「ジャコモ」はディオゴ・デ・メスキータである。お湯を飲むことに衝撃を受けたのは、なにもフェリペ二世ばかりではないし、この点を書きとめた記録は関係史料中に少なからず散見する。ジョルジェは、ロゼッリに、日本には火縄銃（archibusci）があると語り、ロゼッリは馬の鞍に仕込んであった銃を彼らにみせた。使節団は、とりわけローマ滞在後に軍事技術に興味を示したことがうかがえるが、その萌芽なのかもしれない。ジョルジェは、彼らの銃も引き金をひけば、ロゼッリたちのもののように爆発音がすると言った。使節団の到着の際などに空砲が撃たれたことから、その爆発音を知っていたのであろう。さらには、出発して三年が経過し、インド出発後は六ヶ月間寄港せず、空も真水もみることなく、ただとても不気味な海岸のみをみて航海をした、と彼らの旅の苦難を語る。日本からここまでの距離は八〇〇〇《レグア》であり、二〇《マイル》が五《レグア》に相当すると説明する。四名の若者たちには、父母がいる。また洗礼を受けていない異教徒たちがいる。その数は多く、またその多くは妻をもつ。この点は、キリスト教改宗者と非改宗者との婚姻を問題視する内容と関係しているのであろう。

モンテフィアスコーネの四日後、三月二三日には、ヴァチカンにおける教皇グレゴリオ一三世との公開枢機卿会議における公式謁見に赴く。枢機卿会議が終わると、サン・シスト枢機卿から晩餐への招待があった。この晩餐には、グアスタヴィッラーノ枢機卿、ジャコモ・ブオンコンパーニョなどが同席した。晩餐ののちに、教皇から呼び出しがあり、種々の質問があった（『グ』102-103。『フ』351-352）。質問内容は、使節団の航海について、その日数について、日本の事情、異教徒の改宗、そして教会の数であり、一行はそれに答えたとされる。各内容の概要のほかは、問答ともに詳細を知ることはできないが、教皇と非公式な対談をおこなっていることは特筆に値しよう。

ローマからヴェネツィアへむかう途中、六月一八日はボローニャへ到着し、二〇日には聖体の祝日の行列に加わった。そののちに、ボローニャ大司教パレオットが、メスキータに対して、日本の事情・風俗・教会などについて種々の質問をした（『グ』132-133）。これらのほか、たとえば、マントヴァにおいても、使節訪問の直前に「日本年代記（Libro delli annali del Giappon）」が捜索されている（『大』②175）ことからも、彼らの滞在を契機に日本情報を収集する意図が拡散していたことがうかがえる。

教皇の返書

使節団がヴァチカンへもたらした大友・有馬・大村の書簡へ返書を認めたのは、グレゴリオ一三世の急逝のあとを受けたシスト五世であった。大友義鎮へは一五八五年五月一〇日に、有馬鎮貴と大村純忠へは同月二六日付で発給した。いずれも使節団のローマ滞在中である。大友義鎮宛書簡（『大』①339-342）は次のようなものである。マンショをはじめとする一行のローマ到着を、グレゴリオ一三世およびシスト五世を含む当時の枢機卿から群集にいたるまで大いに歓迎した。いまグレゴリオ一三世亡きあと、シスト五世は、マンショによる服従を受け入れ、義鎮をカトリック教国王に列する。また、残虐無道や迫害にも屈しない心胸の偉大さに敬意を表するとともに、さらなる忍耐を求める。伴天連追放令以前の段階で、「残虐無道」や「迫害」という言葉が具体的になにを指すのか、漠然とした将来的可能性なのかは判然としない。その忍耐のため、黄金の十字架にキリストの十字架の木片を入れ、義鎮に贈呈すること、さらには剣と兜帽を授与し、仇敵の暴力と詭計《きけい》からの防護とすること、それらの授与のためにミサ聖祭をおこなうことを表明する。詳細はマンショから聞知すべきことを補足し文章を閉じる。マンショの帰国時には、義鎮はこの世にはなく、義統との会見には曲折があったことは先述のとおりである。

有馬鎮貴宛書簡（『大』①346-348）は、義鎮宛と同様に、千々石ミゲルが書簡を提出し、服従を表したことへの喜びが記される。また、鎮貴をカトリック教国王に加えるともいわれている。そして義鎮宛とは異なり、無道や迫害に耐えたことに言及はなく、ただ敬虔に応えてキリストの十字架の木片入りの黄金の十字架を贈るとされる。この木片は、キリストが磔刑にかられた時のものであり、剣と帽子を授けることがローマ教皇の古例である。それらは授与のためのミサ聖祭がおこなわれ、すべてはカトリック教国王に対する常例である。詳細はミゲルから聞知すべきことを補足し文章を閉じる。

大村純忠宛書簡（『大』①348-351）は、他の二名への返書と同様に、ミゲルによって提出された書簡により、服従が表されたことへの歓喜が述べられている。とはいえ、管見の限り、純忠書簡において服従の意向が明記された事実は確認できない。そのためか、義鎮・鎮貴宛では彼らをカトリック教国王へ加える旨が明記されているのに対し、純忠宛には記載がない。これは、右の事情に加え、前二者が王と認識されていたのに対し、純忠は「王子（Principe）」とみなされていたためだと考えられる。その上で、木片入りの黄金の十字架が授けられる。聖アウグスティヌスの言を引用しながら、その十字架がキリスト教徒を導く力になることを力説する一方、剣と帽子を授ける旨は記されていない。詳細はミゲルから聞知すべきことを補足し文章を閉じる。

このように、義鎮と鎮貴については、カトリック教国王としての扱いであったのに対し、純忠の待遇は彼らとは一線を画すものであった。また、伊東マンショは義鎮によって派遣されたと認識されている一方で、千々石ミゲルは鎮貴・純忠の使者とみなされていた。すなわち、マンショは豊後国王大友義鎮の、ミゲルは肥前国王有馬鎮貴の大使という基本認識がヴァチカン側にはあったことになる。

各国大使たちの品定め

情報収集を任とする各国大使たちが彼らをどのような眼差しでみていたかも、使節団がヨーロッパ社会に与えた影響を考える上で見過ごすことはできない。たとえば、従来の研究ではあまり意識されていないものの、マドリード滞在中には、フランス大使が帰途にフランスへ立ち寄ることを要請し、もし実現すれば国王は面会するだろうと述べている（『グ』77）。使節団は帰途にマルセイユへ立ち寄ったとする情報がある。大使のはたらきかけが不完全ながら結実したのかもしれない。

使節団がローマへ接近し、教皇との公式謁見が話題となるにつれ、一行の大使としての資質などについて、各国間で情報のやりとりがかまびすしくなる。その代表格は駐ローマ、ヴェネツィア共和国大使ロレンツォ・プリウリであろう。プリウリは、ヴェネツィア総督経験者でもある。一行に関するプリウリ書簡の初見は、一五八五年三月二三日付総督ニコロ・ダ・ポンテ宛（『大』① 297-300）である。まさに公式枢機卿会議の当日である。このなかで、プリウリは使節を「日本人青年三人（tre giouani giapponesi）」と表現する。中浦ジュリアンは体調不良により出席していなかったから、三人とある点は問題ないのだが、「青年」としている点は、彼らを「大使」と認めないプリウリの姿勢が表現されているのかもしれない。プリウリは、彼らは前の日の夕方にローマへ到着し、彼らの王や大侯（gran S.re）の名により教皇へ服従を誓うことを任とすること、および公式謁見の概要を解説する。さらには、トスカーナ大公に歓迎されたこと、容貌が醜《みにく》いなど外見の特徴を述べて、書簡を締めくくる。四月六日付（『大』① 300-301）では「日本の諸公および大使たち（si［gno］.ri. et Amb［ascia］.tori Giapponesi）」と表現が改まる。また、大友義鎮らの書簡とガスパル・ゴンサルヴェスの演説の印刷物が同封される。プリウリは、教皇グレゴリオ一三世が彼らにイタリア全土、とりわけヴェネツィアを見物させる意向であること、一行の使用人は少数で、ワインの代わりに湯を飲むため滞在費は少額で済む見通しであること、才智ある人びとであること、彼はまだ使節団を訪問していないものの翌週中には訪問する予定であることが記される。「日本人青年」から「日本の諸公および大使たち」へ表現が変化した背景には、教皇庁側のはたらきかけが影響しているのかもしれない。

ところが、この直後にグレゴリオ一三世は他界し、選挙の結果、シスト五世が選出される。五月一日の戴冠式直後の五月四日付書簡では、シスト五世が一行にどのような態度で接するかに関心があったのであろう。この書簡は『大日本史料』には採録されておらず、Adriana Boscaro, "La visita a Venezia della Prima Ambasceria Giapponese in Europa" in *Il Giappone* 5（1965）pp.26-27などが引用している。戴冠式におけるフランス大使、ヴェネツィア大使との位置関係が問題となる。プリウリは、日本の諸公および大使たちはたとえ無名かつ敬意を払われていないとはいえ国王大使の名があるため、教皇はフランス大使とプリウリの間へ導くことを欲しなかったと説明する。プリウリはフランス大使とともに、一行に剣と拍車をつける役回りをしている（『グ』113）。ローマ出発直前の六月一日（『大』①301-303）には、ルスティクッチ枢機卿が教皇の名において、「日本人諸公（Signori Giapponesi）」のヴェネツィア滞在時には総督による歓待を希望する旨が金曜の謁見の場で表明されたと伝える。一行は一六名であるが、プリウリの意見としては総督が招待を希望しても、そのようにはせずにイエズス会修道院へ滞在させるべきことを述べる。この点は滞在時に実行された。また、教皇は金三〇〇〇スクードなどを支援し、彼らを派遣した王たちに剣などを贈り、スペインへ戻るためのガレー船の用意を命じるなど、使節団への厚遇を継続する姿勢を示したこと、三一日月曜日にロレートへ向けて出発し、フェッラーラ、キオッジャを経てヴェネツィアへ向かい、ヴェネツィア滞在後はマントヴァ、クレモーナへ行く予定であることなどを伝えている。

ローマ出発後の六月八日（『大』①303-304）には、月曜日に出発したことと、その時の様子、聖体の祝日すなわち六月二〇日の前日にヴェネツィア入りをする予定であると報じる。ヴェネツィア入りは遅れ、実際には二〇日をボローニャで過ごし、ヴェネツィアには二六日の到着となった。プリウリはさらに六月二二日にも書簡を記している。格式の高さに誇りをもつヴェネツィア大使としてのプリウリの立場と、日本からの使者を大使として厚遇しようとする教皇庁との相克が色濃く反映された史料である。

モデナのエステ家の駐ローマ大使は、テオドシオ・パニッツァである。パニッツァがデステ枢機卿へ送った書簡一二通が、『大日本史料』に収められている。使節団がフィレンツェ滞在中の一五八五年三月一二日（『大』①183-184）には、すでに情報をつかみ、第一報を送信している。プリウリよりも全般的に早い段階の情報が多いことが特色である。「日本の王子達（Indiani figliuoli di quell Re del Giappone）」は、王子（figliuoli）二名、貴族（gentilhuomini）二名、従僕（seruitori）二名とイエズス会司祭三名から構成され、ローマでの宿泊は、彼らの教育のためには宮殿ではなくイエズス会の僧院がしかるべきとの申し入れがあり、教皇は了解したと伝える。同月一八日（『大』①265-266）には教皇との謁見について、彼らが教皇に対して服従を誓うか否かが、公式謁見となるか否かの決め手となるとの見方を示す。あわせて彼らの出自が、王の子ではなく甥《おい》／孫（nipoti）であるとする点、使節団の規模が司祭たちを含めても一五人程度であることを指摘する。先便で「日本の王子達」といわれていたものが、この書簡では「日本人等（Giapponesi）」と変えられた。この変化は、彼らの出自に関わる情報がパニッツァのもとへ届けられた結果であろう。一九日には教皇が警備のための兵を派遣したことが、二一日には教皇の意向として服従の式をおこなうに際し、大使（Ambasciatori）として迎えるであろうことを報じる。「大使」が複数形であることから、伊東マンショならびに千々石ミゲル、あるいは原マルチノらが大使と認識されていたとわかる。

二二日には使節団のローマ到着を伝える。その具体的な動きとともに、ヴェネツィア大使プリウリとの会談の中身に及ぶ。プリウリによれば、日本人三名が、三国王により教皇への服従を表明するために来訪したのだが、国王の孫／甥（Nipoti）は二名で、もうひとりは貴族（gentilhuomo）である。日本人三名とあるのは、プリウリの「日本人青年三人」に類似する。三名のうち二名は、邦訳では国王の「孫」とあるが、イタリア語では甥と孫を同じ言葉（Nipoti）で表現するため、一八日付書簡同様に甥と解するべきであろう。少なくとも、ミゲルは有馬鎮貴の甥である。プリウリは、パニッツァとの会見の前日、すなわち二一日の夕べにスペイン大使とも会談し、スペイン大使は彼らの来訪は服従の表明ではなく、信心や見物のためであると認識している。大友・有馬の教皇宛書簡でも、ヴァチカン側の『儀典日誌』所引本では「服従」の語が明記されている一方、スペイン歴史学士院本には記されていない違いとも奇妙に整合する。日本はポルトガル領インドと境を接しているため、もし彼らがキリスト教徒ではないのであれば、スペインは征服する権利があるが、いまは正当ではないと述べたと伝える。これは一見唐突かつ衝撃的な内容にみえるが、スペインはマニラへ拠点を建設して以降、日本・琉球・中国への探検、さらには侵略の可能性を継続的に議論（伊川 二〇〇七年）していることの延長線上にある発言にすぎないとみることもできよう。

パニッツァの次の書簡は、グレゴリオ一三世謁見ののちの三月二五日付（『大』① 284-286）である。

ふたたびプリウウリと会見し、使節が教皇に呈した書簡の宛名および署名（inscrittioni et sottoscrittioni delle lettere）を入手した。この段階に至っても、パニッツァは使節を「日本人」と呼びつづける。彼らの王、および王ではないが六万の臣民を有する領主は、自ら教皇へ服従を誓いに来ることができないために使節が派遣されたこと、自国風の服装は道化役者のものに類似すること、しかしながら、ポルトガル語を解し、思慮はあることなどを伝える。この日まで、彼らを訪ねた（è stato à uisitarli in casa）のはスペイン大使のみであるが、今後は他の大使たちも訪問するであろうと見通す。さらに興味深いことにプリウウリがイエズス会司祭から聞いた話として、日本には旗の中央に十字架を使用する偶像崇拝者の国王がいるとの情報を補足する。おそらくは島津氏のことであろう。二七日には、日本人たちが枢機卿等を訪問することを教皇は喜んでいないこと、病にかかった中浦ジュリアンの回復の望みは薄いこと（『大』①304）、二九日には教皇は日本人たちをサン・ピエトロ大聖堂へ伴い、その時の服装はヴェネツィア大使のものに似ていた（『大』①289）ことを伝える。四月になってからは、一日にはジュリアンに回復の見込みがあり（『大』①290）、二日にはジュリアンの病は全快したこと、他の面々は枢機卿たちやスペイン大使を訪問しているが、ファルネーゼは体調不良を理由に辞退したこと（『大』①286-287）、五日には前日に教皇へ机や絵を彫った板などの進物を贈呈したが、それらは価値がないことなどを伝える。九日には、ナポリ行きを取りやめて、ヴェネツィア、フェッラーラ、マントヴァ、ミラノを経て、一〇〜一一月には日本の利害について重要な案件のためフェリペ二世と会談する予定だと述べる（『大』①288）。プリウウリは六日付書簡においてすでに「日本の諸公および大使たち」の表現を用いているが、パニッツァはひきつづき「日本人」と表現する。一行を大使と認めまいとするパニッツァの姿勢は、プリウリ以上に徹底したものといえよう。

相次ぐパンフレットの出版

宣伝・啓蒙などを目的に出版された小冊子をパンフレットという。アドリアーナ・ボスカロ氏はその著書『*Sixteenth Century European Printed Works on the First Japanese Mission to Europe*』（Brill, 1973）のなかで、イタリア・ポルトガル・日本のみならず、オーストリー・ベルギー・イギリス・フランス・ドイツ・ポーランドに現存する使節団関係のパンフレット七六例の概要と表紙を紹介した。木崎孝嘉氏は「天正遣欧使節パンフレットに見るカトリック教会の宣教戦略」（二〇〇九年）のなかで、それらを三つの類型に分類する。第一は、日本布教史から説き起こし、使節団の形成からローマ入市、さらには彼らの習慣から日本文化に言及したもの、第二に一五八五年三月二三日の公開枢機卿会議に関するもの、第三に使節団がヨーロッパを離れて帰途について以降に関するものである。

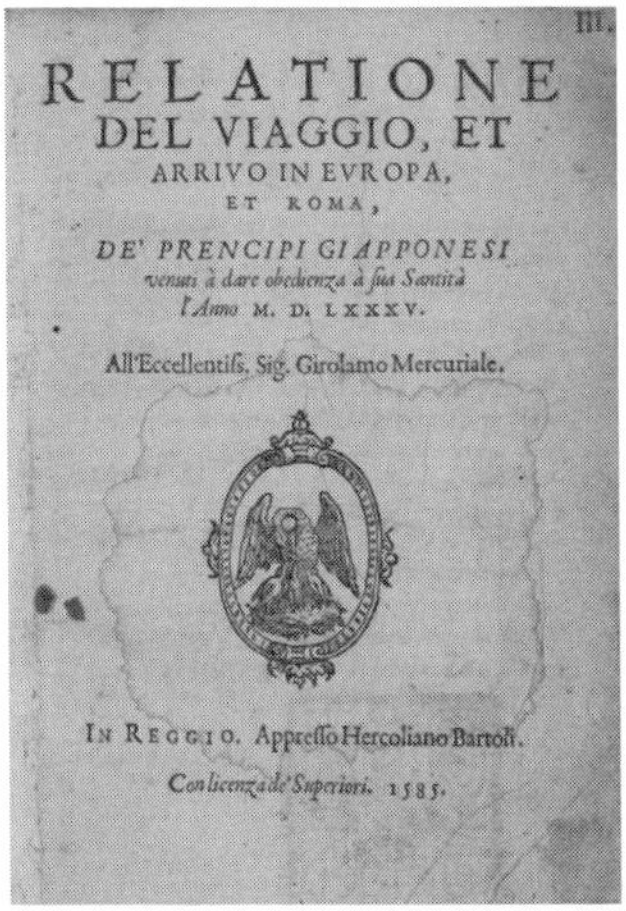

図67　レッジョ版天正遣欧使節記（東京国立博物館蔵）

そうした数あるパンフレットのうち、初期のものの一例が日本にもある。レッジョ版『天正遣欧使節記（*Relatione del viaggio, et arrivo in Evropa, et Roma, de' prencipi giapponesi*）』とよばれるもので、東京国立博物館が所蔵する重要文化財である。「レッジョ（Reggio）」は刊行地である。献呈辞の最後に一五八五年四月二三日の日付がみえるため、この頃に刊行されたのであろう。グレゴリオ一三世薨去後の混沌のローマへ滞在中の時期である。岡本良知氏による解説と訳文は、『大分県地方史』一三〜一六合併号（一九五八年）に掲載されている。この書の概要をみていこう。

日本はイタリアの三倍程ある島であり、六三の地域に分割されている。こうした地理的な基本情報から説き起こされる。「ボンゾー（岡本訳による。原文には複数形でBonziとある。単数形はBonzo。）」、すなわち僧侶（坊主）が迷信と誤謬《ごびゅう》だらけの宗教論争に明け暮れるとする、宗教についての解説がそれにつづく。フランシスコ・ザビエルが来日、布教したことを契機に、その後三〇年間で二〇〇の聖堂が建てられ、二〇万人の信者を獲得した。信者のうちには王侯もいて、大友義鎮らが天正遣欧使節を派遣するにいたった。義鎮の派遣になる伊東マンショが使節団の首席であり、有馬鎮貴と大村純忠は千々石ミゲルを派遣し、彼が次席である。原マルチノと中浦ジュリアンはその随行者と位置づける。これにつづいて、使節団の旅程の解説がつづく。一五八五年三月二三日公開枢機卿会議ののちに枢機卿たちから食事に招かれ、翌々日の二五日にミネルヴァへ赴いたところで使節団の動向に関する記述はおわる。最後に、彼らに関して驚くべきことが三つあると指摘する。第一にはローマの人びとの熱狂ぶり、第二には使節団のキリスト教信仰の敬虔さ、第三には彼ら自身の性質についてであり、本書の関心から注目すべきは第三の要素である。

身体的な特色は、背が低く、肌はオリーブ色であり、目は小さいなどであり、態度は鄭重である。食習慣については、ワインを飲まずに、白湯を飲み、箸を器用に使いこなす。これらの点は、多くのヨーロッパ貴族にとって印象的であったとみえ、他の史料のなかでもしばしば書きとめられている。また、ポルトガル語などの語学に堪能で、チェンバロなどの演奏もする。服装については、故国では帽子を用いずに日傘を使うことなどが述べられる。贈物については、教皇への贈物のひとつとして「ナブナンガ（Nabunanga）」という首都を描いた絵画があったこと、トスカーナ大公宛てには硯箱《すずりばこ》などを贈ったことなどを列挙する。彼らの今後の行き先として、ロレートやヴェネツィアのほか、ナポリがあげられる。ナポリ行きは、ローマ到着直後には取り沙汰されていたのだが、治安悪化を受けて、四月九日までには中止が決定された。したがって、この書の下書きは、四月初頭以前にまとめられたと推測できる。

『ウルバーノ・モンテ年代記』と関連情報

『ウルバーノ・モンテ年代記』は、使節四名とメスキータの唯一の肉筆による肖像画が収められた歴史史料として著名である。伊東マンショやメスキータについては、その後の調査により、他の肉筆肖像画の存在が確認されるにいたっているものの、千々石ミゲルらについては依然として唯一の現存例である。この年代記はミラノのアンブロジアーナ図書館（Ms. P.251.sup）が所蔵する。肖像画が注目される一方で、この年代記が使節団について何を伝えているのかは、日伊を通じてほとんど注目されてこなかった。翻刻と邦訳は筆者「『ウルバーノ・モンテ年代記』にみる天正遣欧使節と織豊期の日本（一〜二）」（二〇〇九〜一〇年）で発表をしたほか、史料の概要は同「ウルバーノ・モンテと天正遣欧使節」（二〇一〇年）に詳しい。

関連記事は、全四冊のうち最終巻、一五八五年七月二五日条にみえる。この箇所の記述は、使節団のミラノ到着にはじまる。それにつづく部分は、日本はイタリアの三倍程ある島であり、六三の地域に分割されているなどの地理的な基本情報である。「ボンツィ」、すなわち坊主は「虚偽の宗教」において特権的な地位を得ている。そこへフランシスコ・ザビエルが来日、布教したことを契機として、その後三〇年間で二〇〇の聖堂が建てられ、二〇万人の信者を獲得した。信者のうちには王侯もいて、大友義鎮らが天正遣欧使節を派遣するにいたった。と、ここまできてどこかで読んだ文章だと感じられた方はいないだろうか。冒頭箇所は、レッジョ版との類似が顕著である。原文を確認しても、たとえば冒頭の数行は句点の位置などの違いを除けば同文といってよい。レッジョ版は一五八五年四月頃刊行、この年代記はミラノ到着以降の同年七〜八月頃の執筆と考えるならば、レッジョ版もしくはそれに類するパンフレットが、この記事に大きく影響したことになる。

それでは、パンフレットの完全な引き写しかといえば、少なくともレッジョ版との比較からはそのように断定できない。『年代記』の冒頭部分の地理情報には、日本は三つの主要な州（priciple provintie）、すなわち下（ximo）、都（Meaco）および四国（xico）に分かれていること、気候はサルデーニャやシチリアに類似すること、荏胡麻《えごま》はあるが、蜂蜜はないなどの情報は、レッジョ版にはない。日本の地域は、イエズス会では通常、下・都・豊後に三分割する。ウルバーノ・モンテは地理学者であり、この部分については独自の情報により補ったのであろう。それがレッジョ版以外の出版物によるものか、使節団に直接尋ねた成果であるのかは現段階では成案を得ない。そののちの日本開教から使節派遣が決まり、ゴア、ポルトガル、スペインへ到着するまでの件は、レッジョ版のほぼ引き写しとみてよい。トスカーナ大公国での滞在は、むしろレッジョ版が詳しく、『年代記』では多くが省略されている。もっとも大きな違いは、ローマでの公開枢機卿会議についてレッジョ版以上に詳細に描写し、大友義鎮ほか三名の書簡およびガスパル・ゴンサルヴェスの演説の全文が書き込まれている点である。とはいえ、これらの情報は『年代記』以外にもみることができるもので、レッジョ版以外の文献などからモンテが補ったとみるべきであろう。

絵画表現

使節団に関わる絵画表現としては、『ウルバーノ・モンテ年代記』の八八葉表から九〇葉表にかけて、伊東マンショ以下四名ならびに引率のディオゴ・デ・メスキータの肖像画が想起される。それぞれの肖像画の下に、彼らを讃えるソネット形式の詩が添えられる。詩については別項で述べる。かつてはこれらが使節の風貌を伝える唯一の肉筆画とされ、多くの出版物で用いられてきた。京都大学附属図書館が所蔵する『天正遣欧使節肖像画』との類似は一目瞭然で、アドリアーナ・ボスカロ氏は後者を年代記の写しと推測する。『天正遣欧使節肖像画』は一五八六年にアウグスブルグで刊行されたビラであり、一九三〇年に浜田耕作氏がハーグで購入し、京都大学に架蔵された。ボスカロ氏はこの肖像画を、特定の日本人の肖像画をヨーロッパで印刷した最初の事例と位置づける。

ボスカロ氏が、『ウルバーノ・モンテ年代記』を写したものが、『天正遣欧使節肖像画』であろうと推測する根拠は二点ある。ひとつには、ふたつの記事がともに使節団のミラノ滞在に関係する内容であり、ウルバーノ・モンテはそこに居住していたこと。もうひとつには、年代記の肖像画の方が粗雑であり、『天正遣欧使節肖像画』の方が垢抜けていること。この点は、イタリアの同時代史料のなかで、彼らの風貌を讃える言葉が見当たらないことと符合するのだそうだ。ウルバーノ・モンテはミラノに居住していたからといって、ボスカロ氏が述べるようには使節団と個人的に接触したか否かは判然とはしない。この点は年代記の記事をさらに詳細に検討しなければ断言できないが、別項に述べたとおり、記事の内容には引き写しが多く、ミラノ滞在に関する内容も限られている。直接対話の機会があったのであれば、ミラノ滞在を中心に、独自の情報を多く盛り込むのが自然であるが、年代記の記事はそうではないのである。中止されたナポリ滞在への言及などは、使節団との直接対話の可能性に疑問をもたせるに充分とすらいえる。とはいえ、『天正遣欧使節肖像画』の刊行年次が一五八六年であることをみれば、年代記の肖像画が先行するとみなすべきであろう。

近年、これらのほかに二件の肖像画の発見があり、伊東マンショとメスキータに関する限り、『ウルバーノ・モンテ年代記』は現存唯一の肉筆画ではなくなった。平成一七年（二〇〇五）一一月に安土町調査団がローマで調査をおこなっていたところ、グレゴリオ一三世の末裔にあたるパオロ・フンランチェスコ・ボンコンパーニ・ルドビジ公爵から、伊東マンショおよびメスキータの肖像画を紹介された。その後、平成一八年一〇月～一二月にかけて長崎歴史文化博物館で開催された特別展「ローマを夢みた美少年」へ出品された。ここへ至る経緯は、同特別展の図録に詳しい。その後、長崎県が購入し、現在は同博物館が所蔵する。この絵には伊東マンショの注釈として「ドン・マンショ。豊後の王フランチェスコ（大友義鎮）から教皇グレゴリオ一三世への大使。一五八五年」、メスキータの注釈として「日本出身のインド人たちを、教皇グレゴリオ一三世のもとへ導いたディオゴ・デ・メスキータ司祭。ローマにて。一五八五年三月二三日」とある。

図68　伊東マンショ像（長崎歴史文化博物館編『バチカンの名宝とキリシタン文化』〈2008年〉61頁）

平成二六年（二〇一四）三月には、ミラノでさらなる肖像画の所在が確認されたとする報道が駆け巡った。トリブルツィオ財団のパオラ・ディ・リコ氏がその所在を確認し、マンショの肖像であることを突き止め、ヴェネツィア派の巨匠ヤコポ・ティントレットの子、ドメニコ・ティントレットの作とした。使節団がヴェネツィアを訪れ、一五八五年七月四日にコレジョの間で告別する際に、彼らの肖像画を飾る計画が発表されているが、その依頼を受けたのはヤコポ・ティントレッ

図69　伊東マンショ像（トリブルツィオ財団蔵）

トである（『大』②82）。肖像画については、『フロイス』（534）ではすでに会議室へ掲げられた（puzerão estes retratos em hua Salla）とあるが、一〇月一七日の元老院決議で二〇〇〇ドゥカードの支出が可決されているため、この段階での動きは計画の発表とみるべきである。肖像画の脇には、使節四名を日伊両言語で紹介した和紙が添付されていた（『新』171）。現存が確認された絵画は、ヤコポの没後、ドメニコが完成させたと考えるのである。当初の計画では、使節固有の服装の絵であることが明記されるが、ドメニコの絵は洋装である。この絵にも注釈があり、もともと表面左上にあったものが、塗りつぶされる前に裏面に書き写された。「ドン・マンショ。フィジェンガ（Figenga）王の孫（または甥）。フランチェスコ・ブニョチングァ王から教皇聖下への大使。一五八五」とある。「フィジェンガ」は「フィウンガ（Fiunga。日向）」の誤記であろう。「フランチェスコ」は大友義鎮に相違ないとして、「ブニョチングァ（Bvgnocingva）」は豊後と千々石だと解釈される。「DGH393」の注記からは、ティントレット工房から駐ローマ、スペイン大使ドン・ガスパール・デ・アーロ（Don Gaspar de Haro）が購入したことが知られる。この絵は平成二八年（二〇一六）五月〜七月に東京国立博物館において世界初公開され、そののち長崎、宮崎を巡回して反響を呼んだ。

こうした相次ぐ肖像画の発見が世情を賑わわせている一方で、マンショ、ミゲル、マルチノ、ジュリアンの四名がそろった肉筆肖像画は、いまだに『ウルバーノ・モンテ年代記』に収められているものの一点のみである点は、確認しておく必要があろう。

これらのほか、彼らは絵画の一部に描かれている事例もある。ヴァチカンのシスト五世の広間(Salone Sistino。図26参照)には、ジョヴァンニ・ゲッラ(Giovanni Guerra)およびチェーザレ・ネッビア(Cesare Nebbia)らによるサン・ジョヴァンニ・イン・ラテラノ教会へのシスト五世の行列」(一五八八年成立)のなかに使節四名が描かれている。この図および図が保存されているシスト五世の間については、松田毅一氏が詳細にまとめている。

ヴィチェンツァのオリンピコ劇場(Teatro Olimpico)の壁画にも、使節を歓迎する場面がある。この壁画は比較的早くから知られており、すでに明治期に村上直次郎が所在を確認し、さらには東京美術学校校長の正木直彦が模写を依頼し、寺崎武男がそれに応じた。寺崎の模写は、現在東京藝術大学大学美術館に「イタリア・ヴェチェンツァ市オリムピア劇場壁画日本使節」という資料名で保存されている。同館の情報によれば明治一七年(一八八四)の模写である。絵の上下に一五八五年の年号と日本使節たちのために、と記されている。寺崎武男は、のちに自身の作品として、「キリシタン文化史的絵画―天正少年使節伝」一四連作(青山学院資料センター蔵)を描き上げる。寺崎裕則氏によれば、寺崎武男は五〇年にわたって様々な形で天正遣欧使節を描き続け、この連作は五年がかりで昭和三一年(一九五六)に完成させている。この連作の一部は、寺崎裕則氏のご理解を賜り、本書のカバーおよび

図70　前田青邨「羅馬使節」（1927）（早稲田大学會津八一記念博物館蔵）© Y.MAEDA & JASPAR, Tokyo, 2017　G0948

各章の扉などに使用させて戴いている。また、前田青邨も昭和二年（一九二七）に「羅馬使節」（早稲田大学會津八一記念博物館蔵）において、教皇謁見に臨む伊東マンショの姿を描く。昭和二年の再興第一四回日本美術院展に出品された。青邨は大正一一年（一九二二）から翌年にかけてローマやフィレンツェを訪れており、その際に着想したものと考えられている。

詩・演劇・演説

絵画表現のほかにも、彼らの滞在の無形の記念碑とするべく数々の趣向が凝らされた。それらのなかから、詩と演劇と演説を取り上げて具体的にみていこう。

使節団がボローニャ滞在を終えた一五八五年六月二二日の『ボローニャ元老院日記』には、いくつかのソネット形式の詩が書かれている。ヴィターレ・パパッツォーニによる三編のソネットが、最初は使節をイタリアへ導いたイエズス会士を讃え、第二には日本がキリスト教へ改宗し使節を派遣したことへ賛辞を送り、最後は今後日本から周辺地域に信仰が拡大することへの期待をつづる（『大』② 22-24）。最初の詩は次のとおりである。

我等耶蘇會員と唱ふる者、これぞ、まことにイエスの僕なれ、他の多くのしるしのほか、最も明らかなるにこれなり、
甚だ遠き國の民、常に彼等によりてイエスの信仰に導かる、我等のあいだに殆んど唱へられざるもの、そのために殉教者として死するを覚悟す、
我等の對蹠《たいしょ》の地より、最も遠き島なる日本の王の使節をローマに誘へり、彼處にては彼等の働によりて偶像教は破壊、征服せられ、マリヤの父、夫及び子、神として崇めらる、

次の三編は、偶像崇拝だった日本が、キリスト教へ改宗したことを嘉している。マルコ・ポーロは、「ジパング」で偶像崇拝がおこなわれていることを伝えており、その種のアジア観の反映があるのかもしれない。

神がこの地に降りて血と骨と肉とをとり給ひ、我等のために舊罪《くざい》を浄め、罪なき者は愈《いよいよ》敬虔たらしめんとし給ひしは、その後曾てなかりしことなり、
神はペテロに告げ給へり、我、裁判のため来りて、これを罰し、これを赦《ゆる》すまで、我が羊の群を飼ひ、これに罪を負はさんとすること勿《なか》れ、我これを汝に勧め、これを命ずと、

我等の對蹠の地日本より、ペテロの後継者が許に、ローマに使節来れり、かの地はもと、偶像を拝する國なりしが、終にその誤を悛め、キリストの信仰に来れり、
最後の三編は、使節団の帰途に言及し、帰国後に日本から周辺にキリスト教が広まる期待を示す。
天の恵を受けたる王室の青年よ、幸にその國に帰り、堕落したる偽の神を離れ、眞の神とともに在れ、
アジヤの陸と海と、常に汝等に幸を示せ、總《すべ》ての悪は汝等より遠ざかり、最後に、我等人間に最も大切なる幸を汝等の心に受けよ、
この希望、この祈願を以て、ローマ及び全イタリヤは汝等を送り、汝等の王に祝福を送る、この眞の信仰が汝等の國より他の國に弘まらんことを祈るなり、
ミラノ滞在時には『ウルバーノ・モンテ年代記』のソネットがある。前項でみた肖像画に添えられたもので、松田毅一氏は「短い説明文」と解するが、ソネット形式の八行詩である。
ドン・マンショ。日向王の甥。豊後王フランチェスコにより派遣され、年齢は二〇歳。この青年。手に王冠を持っている。／王家のマンショ、よく付けられた名／遠い国から来り／旅では三年を費やして／もはや時を無駄にしたとは言わないであろう／〔彼は〕見て、対話もした／優美なるイタリアの諸国で／垢抜《あかぬ》けたローマ、スペイン、ミラノで。
ドン・ミケーレ。有馬王ドン・プロタジオの甥にして、大村侯ベルトラメオの従兄弟。彼らにより遣わされ、年齢は一八歳。

このもうひとつの肖像はドン・ミケーレ／確実に信頼できる伊東マンショの同行者／その甘いしぐさは蜜のよう／彼はつねにすべての価値にふさわしい／なぜなら、彼の胸は、信者の心が満たしている／受洗より、天に捧げられた／ただ祖国とだけ結びつくように／彼の名は世界をすばやく駆く。

ドン・マルティノ。日向王国 の貴族。年齢一七歳。

そして、彼。ここで見ているのはドン・マルティノ／他よりも決して引けを取らない／そして神聖なる礼拝へ没頭した／つねに名誉あるキリストの胸にいた／美しく、稀少でそして珍しい才能による／大いなる気品と大いなる愛／彼のなかに鋭い心を見つけるならば／信仰における真の騎士となろう。

ドン・ジュリアーノ。肥前王国の貴族。年齢は一七歳。

彼、いまここで見ている／類まれなる美徳のドン・ジュリアーノ／多くの手紙を故郷へ書き送り／賞賛のなかで、卓越した魂を操り／他〔の人々〕のなかで彼の役割をはたした／キリスト信仰を見るため、仲間を持たず／そしてミラノを発った／彼にわれわれの、さらに他の人々の礼を授けよう。

イエズス会のメスキータ司祭

いま、最後にはこの聖職者／この紙面に座する人物／いつの日夜も同様に／キリスト信仰へ導いたあと／遠くから同行し／彼らの町々、そして彼らの王の本拠から／彼の名はメスキータ神父／

イエズス会に刻まれた魂の。

詩のほかに、彼らが登場する演劇が作られ、上演されることがあった。なかでもヨーロッパ滞在の終盤、コインブラの演劇については比較的詳細な記録が残る。とりわけ、コインブラ大学で上演された三つの演劇が注目される（『サ』606-609）。ひとつめは、日本におけるキリスト教の拡大に関するものであり、ヨーロッパの守護天使Aと日本の守護天使B、そして「信仰」に扮した人物の三名で演じられた。ヨーロッパの守護天使が日本の守護天使に、日本について尋ねると、日本の守護天使はキリスト教布教の成果を論じる。すると、「信仰」が登場し、日本の教会を称揚し、これらはすべて十字架のおかげだと礼拝した。最後にヨーロッパの守護天使は、使節団がヨーロッパで歓迎され、二代にわたる教皇からの愛を授かるよう心を砕いたことを強調し、帰途の安全を日本の守護天使へ託する。

ふたつめは対話劇であった。数名の学生たちが彼らの到着を喜び合っていると、インドや日本から来たばかりの青年たち（alius adolescens ex India, & Iaponia recens）に扮した人物が加わる。青年たちは、使節行の目的や、日本におけるキリスト教布教の成功、さらにはローマでの公開枢機卿会議での謁見の様子などを語ってみせたという。

最後の劇は、「アジア」と「オーケアヌム（Oceanum 大洋）」と「ヨーロッパ」を主要人物とするもので、使節団の共感を得たらしい。「アジア」は、使節団が長らく留守にしているため、その事情をオーケアヌムに尋ねる。オーケアヌムは、無事にヨーロッパに届けたのだから、ヨーロッパに問うべきだと答える。ヨーロッパは、彼らの無事を回答し、さらに娘ともいうべき「ポルトガル」「カスティーリャ」「イタリア」に詳細を語らせた。アジアは大いにそれを感謝し、オーケアヌムには帰途ふたたびの寛大さを願った。これら三つの劇ののち、学外の公の劇場でヨハネの生涯に関する劇が上演され、その一場面に彼等を派遣した大友義鎮以下三大名がその教えに身を委ねている場面が挿入された（『サ』611）。コインブラのほか、サラゴサでも演劇が上演された。イタリア・スペイン・日本が登場し、使節行を高く評価する内容だったとされる（『サ』581）。エヴォラでも彼らを題材に二種の演劇が催された（『グ』175）。いずれもコインブラの演劇のように詳細を知る由もないが、学生たちによる出し物であった。

詩や演劇のほかに、演説も散見する。演説といえば、一五八五年三月二三日の公開枢機卿会議の席上におけるガスパル・ゴンサルヴェスの演説が有名であり、幾多の記録に登場する。たとえば『ウルバーノ・モンテ年代記』である。演説は長文にわたり、そのすべてを採録することはできないので、以下は要旨である。

日本は島々の広大さと、軍事技術に恵まれていることでは、ヨーロッパと比べても不足するものはほとんどない。ただひとつ、真実の信仰、すなわちキリスト教信仰のみがなかったが、教皇座の援助により日本でも知られるようになった。布教の成果は諸侯や有力者たちへも広まり、現在ローマ市民が盛大に見物する使節団が王たちにより派遣された。東インドからの遣使は、ローマ皇帝アウグストゥスの時代にもあったが、今日の来訪はそれを上回る喜びである。なぜなら前者は対等の原則のもと皇帝への友情を願うばかりであったが、後者は教皇への服従を申し出ているからである。かつてグレゴリオ大教皇時代にイギリス島（Grandissima Isola de Ingalterra）へキリスト教信仰がもたらされたが、いまはもうひとりのグレゴリオにより、広大な国土と海に隔てられた多くの王国の存在を知り、信仰が持ち込まれた。それは、かつてイザイア（イザヤ）が、おまえの知らなかった人々が、おまえに呼び出されるであろう、と予言したことが実現したかのようである。古代の哲学者ジャルカは、天体の運動について独自の説明をしたが、最果ての国から多くの国々を過ぎ、グレゴリオ一三世と直接まみえた彼らの努力はより大きなものである。日本での布教はフランシスコ・ザビエルにより、大友義鎮の理解の下に始められた。伊東マンショは、彼の親族であり、大使の責務にふさわしい人物とみなされて派遣された。有馬鎮貴と大村純忠は、義鎮同様の事情により千々石ミゲルを大使として派遣した。大村純忠は、日本の他の領主に先駆けてキリスト教信仰へ入った人物である。そして、彼らの来訪を、天球の中心で万物を遍く照らす太陽に隠喩した教皇の徳によるものと説明する。それは、ローマやイタリア、ヨーロッパに限られるものではなく、いまやインドを超えて日本にまで及ぶ。彼らは教皇の大いなる恵みに感謝して服従をささげることを決し、教皇は贈答の準備をはじめた。ここに日本の街々と国々を、未紹介の肥沃な耕地として差し上げる。多くの人々がキリスト教の教師となることを望むだろう。

原マルチノの演説も見落とすことができない。マルチノは、ヨーロッパを離れ、ゴアへ戻った後の一五八七年六月四日、サン・パウロ学院においてラテン語の演説をおこなった。この演説は翌年にコンスタンティノ・ドウラードにより出版され、世界で四冊しか現存しないとされるうちの一冊は、筑波大学附属図書館ベッソン・コレクションに収められており、邦訳もされている（『サ』698-712）。その概要は次のとおり。

かつてアレクサンドロス大王が、父は生きる契機を与えたにすぎないのに対し、師たるアリストテレスは生きる道を教えたと述べたことなどを引き合いに出し、マルチノたちをヨーロッパへ送り出した司祭に謝意を申し述べる。「司祭」は、前半には名前を記していないものの、ヴァリニャーノを意味する。ほんの数年前まで迷妄・誤謬の中に閉じ込められていた彼らを、司祭たちが施した教育により真実の信仰へたどりつくことができた。この事業を妨げる嵐が起こったとしても、イエズス会は圧迫されても絶滅することはない。この点は、伴天連追放令が同年七月二四日の発布を控えた時点で、彼らのその後を予言するがごとき発言であり興味深い。公開枢機卿会議における教皇謁見の感動を、ソロモン王を訪ねたサバの女王の故事に託して語る。使節団を歓待したヨーロッパの王侯貴族のなかでも、とりわけフェリペ二世の慈悲が大きかった。イエズス会総会長クラウディオ・アクアヴィ

図71　サン・パウロ学院（2004年11月28日撮影）

ヴァのもと、イエズス会の勢力が成長している様を実見することができた。演説を締めくくるにあたって、ふたたびアレクサンドロス大王の故事を持ち出し、大王はインドの一部を攻略し、世界征服の不可能を知って嘆いたが、より大いなるアレッサンドロ様はすでにインドの大半をキリストの武器によって征服している。ここにいう「アレッサンドロ」がヴァリニャーノを意味することはいうまでもない。そのヴァリニャーノに対し、残忍きわまりない敵の手から、祖国（日本）に真の自由をもたらさんことを願っている。

これらのほかにも、たとえばローマからリスボンへの帰途、エヴォラ大学では教授が演説をしたという（『フ』606。『グ』175では演説したのは学生である）が、その詳細は知られていない。

日本へ持ち帰られた情報

使節団の仮想見聞録

使節団の渡欧が、ヨーロッパ貴族にとって、日本情報収集の機会だったのと同様に、使節団にとってもヨーロッパ情報を吸収し、日本へ持ち帰る好機であった。伝説の国「ジパング」をはじめて実地に見聞し、記録にとどめたのがジョルジェ・アルヴァレスだとすれば、古来使われてきた「南蛮」を、本来の意味での「南蛮」ではなく、「南欧」として見聞し、その情報を日本へ持ち帰った最初の日本人が天正遣欧使節にほかならない。やや大げさな表現をするならば、彼らの帰国によって、それまで空想のなかの相手に過ぎなかった日欧双方が、はじめて現実的な体験と情報によって結びついたのだ。その日本における具体的な表現の場が、惜しくも現在は失われてしまった彼ら自身の手になる見聞録であり、秀吉謁見であり、彼らが持ち帰った印刷機により可能となったキリシタン版である。

見聞録の原本は現存しない。ローマからの帰途、モンソンでフェリペ二世に謁見した時に見聞録を進呈したこと（『フ』605）や、ヴァリニャーノはマカオ滞在時に使節の日記に基づいて旅行記をまとめたこと（『バ』〈『大』② 293〉）が伝えられ、コンスタンティノ・ドウラードの見聞録の一部が『フロイス』

に引用されていることなどから、その実在が垣間みえるに過ぎない。本項では、『フロイス』の引用部のいくつかを概観し、ありし日の見聞録に思いを馳せることにしたい。

ドウラード見聞録最初の引用部は、ヴィラ・ヴィソーザの公爵館の場面である（『フ』116-119）。厨房の食器類の詳細な記述からはじまり、タペストリー、そして礼拝堂について詳述する。礼拝堂の内陣には大きなオルガンがあり、ミサを誦する司祭もいる。金銀の織物・聖杯・十字架などで装飾される。公爵館は、正面の窓の数が五五に達し、光沢がある大理石で作られている。厩舎《きゅうしゃ》には五、六〇頭の馬がいた。また、周囲三レグア《レグア》のイノシシ・鹿・兎を狩る園地があり、狩人がイノシシを狩るところを見学した。邸宅ばかりではなく、公爵家についても、現公爵は一六歳でアフリカの戦争で捕虜となったが救われ、その弟ドゥアルテは一四歳、その弟アレッシャンドレは一〇、一一歳、末弟フェリペは三、四歳と記している。「アフリカの戦争」は、先述のアルカセル・キビールの戦いである。

ふたつめの引用部はグアダルーペの場面であり、修道院の威容を詳述する（『フ』132-134）。この部分の著者は明示されていないが、後述の諸場面とともにドウラード筆と推測される。聖母の祭壇に五五台の銀の燭台《しょくだい》があることにはじまり、教会の周壁と円柱に刻まれた鎖や枷《かせ》の彫刻は、ムスリムの拘束から解き放たれたことを意味すると説明する。ポルトガルおよびスペインの旅では、しばしばレコンキスタの記憶がカトリックの立場から論じられるが、ここでは教会彫刻を通じて、その歴史を学んでいる。この町の人口は七〇〇名で、このほか五〇〇名の職人が住み、さらに一二〇名の修道者がいる。毎日二三ファネガの小麦粉が消費される。一ファネガは、六〇のパンを作ることができる分量である。ワインは修道院に三四大樽、他の場所にマルタバン甕《がめ》が六六個ある。マルタバン甕は、南中国から東南アジアにかけて分布する陶製の容器で、ルソン壺もその一類型である。

トレドについても、筆者が明示されない記録が引用される（『フ』141-147）。邦訳の岡本良知氏は、『フロイス』全体が依拠する原マルチノの記録にドウラードの記録が引用され、それが使われた可能性を指摘する。トレドはテージョ（タホ）川に囲まれた山上に建設され、人口二万五五〇〇あまり、女子修道院二三、男子修道院一三、病院八を擁する。家屋は石や漆喰で建てられ、日本の建築技術に優ると評価する。とりわけ大司教座聖堂の荘厳さに、多くの紙幅を割く。内陣の壁は高さ四〇パルモ（一パルモ＝七・六二センチ）あり、七四の座席が並べられている。礼拝堂には六名の王の遺骸が安置され、列王の拝堂ともいわれる。このほかにも、初代トレド大司教サント・エウヘニオが安置される礼拝堂、さらには聖母を祀る礼拝堂があり、銀製の神輿《みこし》や「西インド」から到来した聖杯、銀製の鉢、ゴード時代に作成されたといわれる聖母像などの宝物がある。塔は優れた均斉をそなえ、一一の鐘を擁する。

国王のサンタヨ離宮があるエスコリアルについても、著者の明示がない見聞録が引用される（『フ』211-221）。ガラスを用いて作られた戸棚や、一〇〇〜一二〇〇もの鏡が互いに像を映し出し、無限の像となる様子を描く。国王の快遊のための庭園についても、噴泉・像・池などの意匠が施されており、これらの壮麗さは、世界の有力な王のひとりであるフェリペ二世が意と莫大な資金を投じたものと解説する。サン・ロレンソ修道院における歓待のほかに、聖遺物室・文庫・納室・食堂・聖堂・衣装室・塔などについても詳述する。文庫には種々の国の言語で書かれた書物のほか、トルコとの海戦で得た旗が収められていた。海戦とはレパントの海戦のことであろう。納室には、国王・王族の遺骸が安置され、聖堂内陣の椅子には、西インドの木材を使用したものがあった。この修道院滞在について特筆すべきは、使節の滞在の記念に、日本語で書を書き残すように求められたことである。文庫には中国語の書は収められていたものの、日本語文献はなかったためである。この求めに応じて、日本人随行者ジョルジェ・ロヨラは鳥の子紙に、使節団の訪問の概略と、国王ならびに修道院への讃辞を書き、それにカスティーリャ語訳を添えた。十戒を日本語で記して欲しいとの要望にも応えた。残念ながら、これらの日本語文書の現存は確認されていないものの、イタリアにおける感謝状の先駆的な事例として興味深い。

エスコリアルの場面と一連の流れで、マドリードの記述がつづく（『フ』218-221）。ここでは国王の武器庫や宝物庫を見学した。武器庫では太胴火縄銃（espingardas）、細胴火縄銃（arcabuzes grandes, e pequenos）や、ポルトガル国王セバスチャンからフェリペへ贈られた槍があり、宝物庫でもポルトガル国王が使用したとされる馬具が保管されていた。

舞台はイタリアへ移り、フィレンツェについても詳細な記録がある（『フ』279-290）。プロトリーノ館（Protolim）の庭園、とりわけ噴水に関心があったようだ。雨水のように上から降り注ぐもの、水力で天使のラッパが鳴らされて、その音にあわせて水を汲む人物とそれを飲む蛇のカラクリが仕掛けられたものなど、噴水には多くの細工が施されていた。なかには乳房に水の噴出し口があったものもあり、この種の造形に不慣れであったであろう彼らがどのように受け止めたかは興味深いところであるが、個別の噴水の感想は記されていない。翌日午前に訪れた遊楽の荘（caza de recreação）および他の別荘のうち、前者の廊には多くの青銅器や大理石像が配置されていた。トスカーナ大公の館としてヴェッキオ館と双璧をなすピッティ館についても、噴水の描写にはじまり、車寄せや玄関の像、中庭を経て、これまで見た中でもっとも美しいもののひとつと評した会議室には、ピサとの戦争に勝ちフィレンツェの領土に取り込む過程を表現した絵画が飾られていた。また、礼拝堂には教皇の像があった。さらに、クラヴィコルディオ（clavicordio）という鍵盤楽器について詳論する。

図72　ピッティ館（2004年1月3日撮影）

　ミラノについても記録が残る（『フ』578-581）。この街にはふたつの川が流入し、戦時には防御に使用されるほか、食糧の供給に使用される。商人や貴族の豪邸が多く、ミラノ公国内には六〇の伯爵、一〇～一二の侯爵が居住する。産業は武器や服飾である。司教座聖堂（Duomo）、すなわちミラノ大聖堂についても記され、大理石で作られ、透かし細工や新旧聖書中の諸聖人像の意匠を称える。城壁は大砲などで固められ、容易に占領されないといわれている点は、この前後に軍事技術の見学がおこなわれていることから育まれた関心かもしれない。市民は慇懃《いんぎん》にして教養高く、衣服に多くの支出をすると伝える。

使節団が記したと考えられる内容はこのほかにもあるが、以上をもって概要としたい。ヴィラ・ヴィソーザの記事については日本人随行者コンスタンティノ・ドウラードの記録であることが明記されているものの、他の記事については記載を欠く。岡本氏はミラノ以外の記事は、コンスタンティノによるものと推測している。ミラノの記事については明言していない。

これらの記事に共通する特色を三点述べるならば、ひとつには数値による表現が目立つ。館の壮大さを表現するために窓の数を記し、人口規模を明示し、教会内の燭台の数を書き留める。こうしたことは、中国や朝鮮半島を訪れた、同時代以前の日本人の旅行記にはみられない。ふたつめには、イベリア半島滞在時とイタリア半島移動後ではあきらかに関心を異にしている。この点は、旅行記の著者如何が影響している可能性も否定できないが、イベリア半島滞在時に多くの紙幅が割かれていた教会に関する描写は、イタリア半島移動後には減少する。三つ目は、当時のヨーロッパ文化の逐一が彼らにとってなじみの薄いものだったはずであるにも関わらず、基礎的事項の解説がみられない。たとえば、教会建築の基本的な形式や大砲とはどのようなものであるかについても、彼らにとっては書き記す価値があったはずだが、この種の説明はない。これら三点を総合すると、コンスタンティノが、日本人としての感性で記述したとみるよりも、いずれかの段階でヨーロッパのレンズを通して残存した記録である印象が強い。「ヨーロッパのレンズ」とは、出発前にセミナリオで受けた教育か、引率者のメスキータやロドリゲスによる情報提供であったのか、あるいはフロイスによる整理の結果なのか。いくつかの可能性が想起されるものの、いずれも想像の域を出ない。

秀吉謁見

秀吉謁見については『日本史』第三部第一五〜六章などに詳細な記述があり、謁見の場となった聚楽第の光景とともに、多くの読者にとって比較的なじみ深い話題であろう。その儀式と交換された情報について概観する。

長旅を終え、長崎へ戻ったのち、天正一九年閏正月八日（一五九一年三月三日）、彼らは聚楽第へ招かれた。一行は遣欧使節四名、ポルトガル人一三名、使節たちの小姓七名、通訳二名の計二六名にヴァリニャーノらの司祭が同行した。とはいえ、「遣欧使節」にはすでに使節としての役割はなく、ヴァリニャーノを大使とするインド副王使節としての上洛であった。取次ぎ役の長束正《なつかまさ》家《いえ》と増田《ました》長盛《ながもり》は、副王使節に馬や輿を提供した。行列は、先頭にインド副王からの贈物、それからかなりの時間をおき、一頭の馬がインド人馬

図 73　聚楽第の発掘現場（2012 年 12 月 24 日撮影）

丁二名をともなう。さらに別のインド人青年が馬に乗り、二名のポルトガル人とともに進む。そののちに小姓が馬に乗り行進し、その間に遣欧使節四名がリスボンでアウストリア枢機卿から賜った服を着て進んでいく。ヴァリニャーノは二名の司祭とともにそれに続く。最後にのこりのポルトガル人たちが行進した。多くの見物人が行列を取り囲んだ（『日本史』第三部第一五章）。

見物人の証言もある。『時慶卿記《ときよしきょうき》』の筆者西洞院時慶《にしのとういんときよし》である。彼は円福寺《えんぷくじ》の前で「南蛮人」が「殿下」へ御礼申し入れるところを見物したと記す。万里小路充房《までのこうじみつふさ》・白川雅朝《まさとも》・中御門宣泰《なかみかどのぶやす》らが同行した。行列は三〇人あまりが馬上であったとあり、フロイスの記述とほぼ一致する。「主人一人」が塗り輿に乗っていたとする点は、ヴァリニャーノをいうのであろう。フロイスはヴァリニャーノの移動手段を明記していないものの、事前に輿が提供されたとする点と符合する。

副王使節は、聚楽第へ入ると、豊臣秀次の屋敷で応接された。そののちに秀吉との謁見に移る。はじめにインド副王書簡を、ひとりのポルトガル人が秀吉のもとへと運び、秀吉がそれを読み、さらに別人によって朗読された。ヴァリニャーノ、同僚の司祭、遣欧使節四名の順に秀吉のもとへ呼ばれる。伊東マンショほか「遣欧使節」は、呼ばれた順序や、秀吉から与えられた銀の数量などから、あきらかにヴァリニャーノの随行員としかみなされていない。副王書簡は、秀吉が日本諸国を従えたことを慶賀し、ヴァリニャーノ以下の司祭に対する慈悲を求めている。原本が妙法院に現存する。

そののち宴席となり、秀吉は副王使節全員に銀と小袖を与えた。さらに、菊亭晴季《きくていはるすえ》ともう一名の公家を通じて、彼らの来訪は喜びであったこと、都の荒廃を恥ずかしく思うが改造の途上であること、今後はインド副王との交際を希望していることなどをヴァリニャーノへ伝えた。ヴァリニャーノはこれに対し、秀吉の恩恵への謝意とともに、秀吉の偉大さ、その勝利や、帝国と政庁の豪華さはすでにインド、ヨーロッパでも知られているが、実際に目にしたものはそれを上回るものであり、帰国後にインド副王に報告するだろうと応じた。こののち秀吉は一度退席し、しばらくののちに普段着となって現れた。通訳のジョアン・ロドリゲスを通じてヴァリニャーノへ種々の質問をした後、伊東マンショに対しては仕官を勧め、千々石ミゲルに対しては有馬家の出身かと尋ねるなど、実質的なやりとりをおこなった。

そののち、秀吉は遣欧使節の四名にクラヴォなどによる演奏を求め、アラビア馬をポルトガル人が乗りこなす様子を見物し、進物の甲冑や剣を前に種々の質問をし、大いに満足したと伝えられる。秀吉は二人の公家たちに命じて、司祭たちやポルトガル人たちに聚楽第の内部を見学させた（『日本史』第三部第一五章）。

一連の対話のなかで、双方がどのような情報を交換したのか、フロイスは必ずしも網羅的には記していない。少なくとも、ヴァリニャーノ側は秀吉のキリスト教に対する態度について、秀吉側は彼らがもっているヨーロッパの技術への関心があったことは確かである。

キリシタン版の登場

コンスタンティノ・ドウラードが日本帰国時に活字印刷機を持ち帰ったことが、キリシタン版出版の契機となったことは比較的知られている。とはいえ、活字の製作者を彼に比定する見方は、近年、豊島正之氏によって批判されている（豊島 二〇一三年）。豊島氏は、ドウラードは母国語たる日本語の読み書きに難があるため、日本語活字の作成には不向きであったと指摘する。その上で、同時期の印刷技術で著名な諸都市のうち、使節団が訪れたのはヴェネツィアのみであることから、日本語活字の制作地をヴェネツィアと推定する。この点の当否は今後の議論にゆだねられるべき点もあろうが、いずれにせよ彼らの帰国が、日本印刷史上、新たな潮流の契機となったことは疑いない。

キリシタン版の大部分は、イエズス会による刊行である。その概要は、前掲書巻末の「イエズス会刊行キリシタン版一覧」から知ることができ、最初の事例は、一五八五年の『漢和アベセダリヨ（Abecedario）』である。日本語活字の最初の使用例は、一五八六年にリスボンで刊行された『日本のカテキズモ（*Catechismvs Christianae Fidei*）』とされる。一五八六年のリスボンといえば、同年四月まで使節団の滞在が確認でき、さらには使節の随行員であったジョルジェ・ロヨラの筆跡と『日本のカテキズモ』の活字が類似することから、豊島氏は日本語活字は彼によるデザインであり、おそらくヴェネツィアで制作され、使節団出発前のリスボンへ届けられたと推定する。たしかに前掲書図一九におけるジョルジェの筆跡と前期キリシタン版の活字の類似は歴然たるものがあるように思われる。

豊島氏の論考によれば、キリシタン版は前期と後期に分類される。前期は、一五九一年の日本での印刷開始から一五九三年まで、後期は一五九四年以降で、イタリック活字の登場を画期とする。「イエズス会刊行キリシタン版一覧」は、一五九一年の一行の帰国以前の版として、ゴアにおける原マルチノの演説（一五八八年）や、マカオにおける『サンデ』（一五九〇年）などの刊行物を掲げているが、基本的には帰国後の刊行物が議論の対象となる。前期キリシタン版には、『どちりいなきりしたん』（一五九一年?）や『天草版平家・イソポ・金句集』（一五九三年）などが含まれる。日本語表記を含むものと含まないものがあるが、漢字・仮名・ラテン文字はすべてヨーロッパ製の活字が使用されている点に特色がある。ラテン文字はローマン体のみでイタリック体はない。イタリック体は、現在の欧文出版でも用いられているように、書籍名や引用文などに用いられ、本文とは異なる言語表記に欠かせない。

後期キリシタン版は、イタリック体が日本で新鋳されて以降の出版物をいう。多言語表記が可能となったことで、『ラテン文典』（一五九四年）や『羅葡日《らぽにち》対訳辞書』（一五九五年）などの語学関係書籍の出版がつづいた。『さるばとるむんぢ』および『落葉集』（ともに一五九八年）以降、仮名・漢字活字が増補され、キリシタン版の黄金期になるが、そののちに金属活字は木活字に置き換えられて急速に衰える。「イエズス会刊行キリシタン版一覧」における最後の事例は、一六二〇年にマカオで刊行されたジョアン・ロドリゲス著『日本小文典（*Arte Breve da Lingoa Iapoa*）』である。『さるばとるむんぢ』および『落葉集』における活字使用については、白井純氏が前掲書の論考で論じている。白井氏は、『さるばとるむんぢ』では三六〇種に過ぎなかった漢字活字は、『落葉集』では二四〇〇種に増え、以後はほとんど変化していないと指摘する。漢字辞書である『落葉集』は、他方でキリシタン版における使用漢字を確定させる役割（用字規範）を兼ねていたのである。キリシタン版そのものに関する詳述は、これ以上は省略するとして、使節団が持ち帰った金属活字と印刷術から生まれた、この時代に特徴的な印刷物がキリシタン版であることに思いを致すならば、彼らの果たした役割の一端を、ここに見出すことができる。

伝説となった遺欧使節

使節たちのその後

華やかな伝説に彩られた使節団が、帰途ゴア滞在中だった一五八七年一〇月一五日。一通の書簡（高瀬 一九八一年）がイエズス会総会長へ宛てて認められた。書簡を書いたのは、ペドロ・ラモン。内容はヴァリニャーノの諸政策への批判であり、彼らの使節行も批判の対象だった。書簡の日付は伴天連追放令後だが、ラモンは前年にも同趣旨の書簡を記したと述べる。

ラモンは、大友義鎮がヨーロッパでフランシスコ王と呼ばれ、教皇およびフェリペ二世から書簡が送られたことは無意味だと論じる。それは、ひとつには書簡に贈り物が伴なっていなければ、日本では重視されないため、もうひとつには大友義鎮とその妻の立場は、教皇たちから書簡を送られるに値しないからである。これは不十分な情報により、教皇が偽りの王に書簡を送ることになったからだと指摘する。日本には王は、「ダイリ（内裏）」と名乗る人物のほかはいず、カンパクドノ（関白殿）が統治者である。屋形や国衆と呼ばれる人物は、ヨーロッパでいう公爵や伯爵に相当する。彼らは信仰も真理も理解せず、服従せざるを得ない間は服従しているにすぎない。ここまでの内容は当を得ている点も少なくない。大友義鎮が使節関係書簡のなかで、「豊州屋形」を名乗っており、ヴァリニャーノは時としてそれを国王と訳す一方、彼の著とされる『サンデ』では屋形はヨーロッパの強大な公爵に相当すると説明する点は、書簡の項で述べたとおりである。また、ゴアで秀吉宛の副王書簡を作成し、仕切り直しが必要だったことに表れているように、そもそも日本全体を代表しえない勢力とヴァチカンが交渉をしている間に、日本では統一政権が完成しつつあった。使節団出発前と帰国後の変化は、なにも伴天連追放令ばかりではなく、政治情勢も含まれるのであってみれば、ラモンの指摘にも一理ある。

ラモンの批判は使節四名の出自に及ぶ。ヨーロッパでは彼らの出自を「領主」や「王公」と呼んでいるようだが、日本では貧しく哀れな貴族にすぎない。イエズス会についてよく理解する日本人は、会がこのように事を偽ってまで教界を築こうとしたために下された天罰が追放令であると理解しているとさえ主張する。このあと伊東マンショらの出自に関する記述がつづく。こうした人々が派遣した使節に対し、フェリペ二世のように非公式謁見ではなく、王公や国王使節に対するかのように、教皇が公開枢機卿会議で公式に迎えたことに驚きを隠さない。

ヴァリニャーノは、豊後を訪れた時、ラモンと府内にいたマンショを有馬へ送った。また当初、京都生まれで豊後にいたイルマンを派遣したいと考えていたが、彼を呼びにやる時間がなかった。そのため日本人随行者ジョルジェ・ロヨラが代理として派遣された。こうしたことは、彼らの派遣計画が出発の二〇〜三〇日前に俄かに決まったことを示している。ラモンはあらゆる面でフランシスコ王（義鎮）と交渉をしたが、義鎮は、マンショが自分の使節であることなど考えもしないばかりか、何のために少年たちをポルトガルへ送るのかと尋ねたこともあった。これらの実態と、彼らが枢機卿会議で読み上げた文面、それらへの賛辞とがいかに齟齬をきたすかを指摘する。

こうした批判に対し、ヴァリニャーノは『弁駁書（Apologia）』を一五九八年一〇月九日付で著わし再批判をする。この書自体は、ペドロ・ラモンに対してではなく、フランチェスコ会のマルティーニョ・イグナチオ・デ・ロヨラへの反駁であるが、使節行に関する限り論点は重なるので、このまま紹介する。『弁駁書』第五章が関連箇所である（邦訳と解説は結城 一九九三年）。ここでは冒頭にデ・ロヨラによる批判内容が引用され、それにヴァリニャーノの反論がつづく。デ・ロヨラは、使節のうちのひとり、すなわちマンショは豊後王の甥であるが、彼を含む誰も王子ではないと指摘し、使節としての資格を疑問視する。これに対し、ヴァリニャーノは、自らが豊後王・有馬王・大村の領主とともに努力し、彼自身が使節団をインドまで同行するなどした証人であり、また『サンデ』を発行し、使節行をわかりやすくしたと応じている。ヴァリニャーノは、使節を「騎士たち（caballeros）」と表現している。『サンデ』刊行の目的は、セミナリオにいる日本人たちにローマ宮廷やキリスト教諸王公の偉大さや、法・習慣・儀式におけるキリスト教貴族たちと日本の偶像崇拝者や僧侶たちとの違いを学ばせ、さらにはすべてのヨーロッパ諸侯たちからこれらの騎士たちがいかによく迎えられたかを示すことにある、と述べる。その一方で、同書の刊行はラテン語学習の教材であることに目的があるとの指摘が、近年高瀬弘一郎氏によってなされた（豊島 二〇一三年）。

彼らを派遣し、丁重に扱った理由をヴァリニャーノは三点述べる。ひとつめは、日欧の習慣・行動様式が違い、ヨーロッパの教会理念が容易には受け入れられないため、騎士たちを派遣し、その目でみたことを語ってもらうのが有効と判断されたこと、第二には聖なる信仰を受け入れさせるため、ヨーロッパの諸国がいかに偉大であるかを知るために、数名の日本人貴族たちをヨーロッパへ派遣し見学させるため、第三はすべてのキリスト教貴族がするように教皇へ服従（obediencia）を誓い、教皇やローマ教会の偉大さを日本人たちに知らしめるためである。派遣計画をはじめてローマへ書き送った段階と大差はない。ヴァリニャーノの論述はまだつづくのだが、これくらいにしよう。

ヨーロッパにおいて、駐ローマ大使たちが使節団をみる目が必ずしも温かいものではなかったことはすでに述べたとおりだが、来日宣教師のなかでも、この事業を疑問視する声があがっていたのである。カトリック教団の抗争のみならず、帰国時には、すでに豊臣秀吉による伴天連追放令が発布されていた。教団と信者たちにとって、情勢は少しずつ悪化していくなか、四人の使節はそれぞれの末路をたどる。

伊東マンショは、一五九三年七月二五日にイエズス会修道士となり、一六〇一年から三年間、中浦ジュリアンとマカオで学び帰国。一六〇八年に司祭に叙せられ、慶長一七年一〇月二一日（一六一二年一一月一三日）長崎で病没した。千々石ミゲルは、帰国後しばらくはラテン語などの勉学に従事していたものの、大村喜前に召し抱えられ、喜前が改宗し、領内からキリシタンを追放する動きのなか、棄教《ききょう》を余儀なくされたものと考えられる。原マルチノは、マカオでの修学の機会はなかったものの、一六〇八年には伊東マンショ、中浦ジュリアンとともに司祭に叙せられた。一六一四年、禁教令が全国に展開される情勢下、マカオへ渡り、一六二九年一〇月二三日同地で病没した。中浦ジュリアンはマカオでの修学ののち、一六一四年の禁教令に際しても日本を離れず、寛永一〇年九月一九日（一六三三年一〇月二一日）幕府による穴《あな》吊《つ》りの刑により、その生涯を閉じた。元使節の中で唯一壮絶な殉教を遂げたジュリアンの最期については、刑場への道すがら、「自分はローマに行ったパードレ・ジュリアンである」と歓喜の声を発したとされてきた。高瀬弘一郎氏は一六三二年九月から一六三三年一〇月の殉教者一二〇人の記録を紐解き、ジョヴァンニ・バッティスタ・ポッロもしくはその周辺によって書かれたと思われる同記録（高祖 二〇〇八年）にはこの有名な言葉は書かれておらず、その後に成立したアントニオ・フランシスコ・カルディンの『日本殉教精華（*Fascicvlvs e Iapponicis Floribvs*）』（一六四六年ローマ刊）で加えられたことを指摘した。

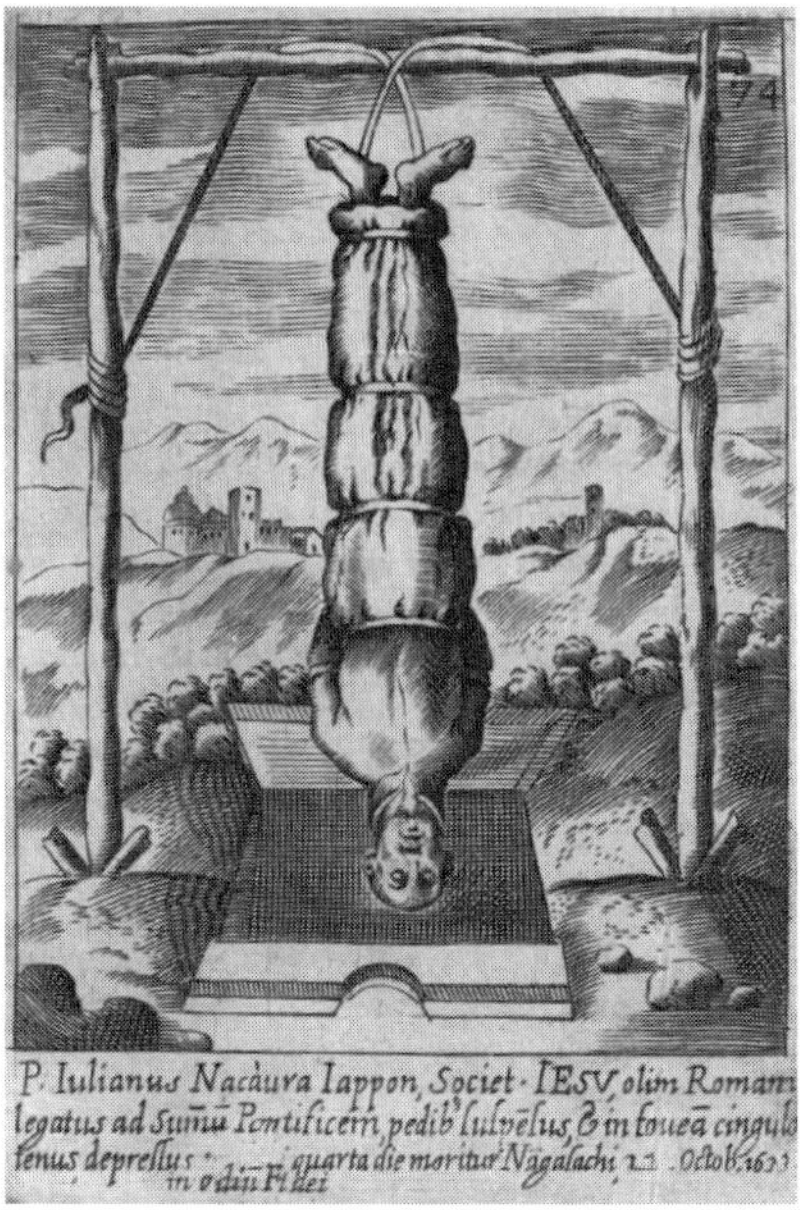

図 74　アントニオ・フランシスコ・カルディン『日本殉教精華』における中浦ジュリアンの殉教（ポルトガル国立図書館蔵）

岩倉使節のヴェネツィア訪問とその影響

江戸時代の長い沈黙の時を超え、使節団がふたたび日本で注目を集めるようになったのは、明治になって、条約改正を任とした岩倉具視ほか約五〇名で構成された使節がイタリアを訪れた時である。使節に随行した久米邦武《くめくにたけ》は、太政官少書記官として、明治一一年(一八七八)一〇月に『特命全権大使米欧回覧実記』を刊行する。現在は岩波文庫に五冊組みで収められており、容易に手にすることができる。同書によれば、一行の旅程はアメリカにはじまり、大西洋を渡りイギリスからヨーロッパ歴訪がはじまり、終盤に近い明治六年(一八七三)五月二九日にヴェネツィアの「アルチーフ」を訪問した。「アルチーフ」とは現在、国立公文書館(Archivio di Stato)と呼ばれている施設である。ここには西暦七〇〇年以来の古文書一三〇万冊が蔵されていると述べた上で、その意義を「器械ノ利ハ、必ス蒸気電気ヲ用ヒテ、後ニ其妙トスルニ非ス」に求めている。すなわち、機械文明の優越は、必ずしも蒸気・電気の力ばかりによるのではない、というのである。瑣末《さまつ》な技術にもそれを裏付ける理論があり、それに習熟することが進歩だと述べる。これを商法・民法などに敷衍《ふえん》すると、市井の帳簿は法律の源にほかならず、古史料類を軽んずることは「国ノ典法モ亦廃ス」ることだと記す。当時の日本からは進歩的にみえたイタリアの技術や法制度は、単独で存在するのではなく、それ以前の理論や史料の蓄積の上に成立しているのだと説く。おそらくは現地での説明に基づくのであろうが、今日の日本社会を省みても示唆的な内容といえる。

件の公文書館において、久米邦武たちはまず二通の古文書を見学する。これは「大友氏ヨリ遣ハセシ、使臣ヨリ送リタル書翰二枚」と説明される。伊東マンショらの書簡であることを連想させる。ところが、説明を読み進めていくと、西洋紙にラテン語で書かれた書簡には、支倉《はせくら》六右衛門《ろくえもん》長恒《ながつね》の署名があり、一六一五年二月二四日および一六一六年の日付が記されていたことがみえる。すなわち両者は、慶長遣欧使節のイタリア滞在時の書簡である。後者は一六一六年一月六日ヴェネツィア総督宛（『大』一二一二、一六五号文書）であろう。前者については、右日付の支倉常長《つねなが》書簡は確認されていない。おそらく一年後の一六一六年二月二四日付元老院宛のルイス・ソテロとの連名書簡（同一七〇号文書）であろう。邦武も年次のズレには気づいていたものとみえ、当該記事の最後に「支倉六右衛門ハ、是ヨリ三十年モ後レテ至リタレハ、大友家の使臣ニハ非ルヘシ」と指摘する。

図75 ヴェネツィア国立公文書館（2012年11月23日撮影）

それでは、彼らは慶長遣欧使節の書簡のみを閲覧したのかといえば、そうではなく、上記二通のほか、五通の「日本使臣書翰」をみて、その年次は一五八五年から一五八七年までであったとする。これはまさしく天正遣欧使節の関係文書ということができる。「日本使臣」とある点に注目するならば、一五八五年七月二日

図76　グリエルモ・ベルシェー『使節記』

付（『大』②135-136）、一五八六年四月二日付（『大』②267）および一五八七年一二月一〇日付（『大』②277-280）伊東マンショ書簡は含まれていたとみるべきであろう。伊東マンショなどの書簡は五件に満たないため、おそらくは駐ローマ大使ロレンツォ・プリウリなどの書簡が混在していたものと推測する。

　その後の使節研究の展開は、『フロイス』序論で略述されている。その内容に適宜補足をしながら概観しよう。岩倉使節ののち、日本側では明治一一年（一八七八）にクラッセ『日本西教史』が太政官本局翻訳係によって邦訳され、ヨーロッパ側ではグリエルモ・ベルシェーの使節記（Guglielmo Berchet, *Le Antiche Ambasciate Giapponesi in Italia*, Venezia, 1877）およびフェッラーラの関係史料（Paride Lagotti, *L'Ambasciata Giapponese del MDLXXXV*, Venezia, 1884）が公刊された。ベルシェーは、岩倉使節のヴェネツィア市での接伴であり、一行からさらなる調査を依頼され、ヴェネツィアのほかにもモデナ、フィレンツェなどの情報を採訪し、前者を出版した（浜田 一九三一年）。五三件の原典史料が掲載され、『大日本史料』の編纂にも使用されたと思われる。ベルシェーの二女の結婚記念に、友人がフェッラーラの関係史料を出版したのが後者である。

　その後、坪井九馬三《くめぞう》および村上直次郎（明治三二年渡欧）が渡欧し、その成果を『史学雑誌』を中心に公開した。また、芸術の分野では寺崎武男《たけお》（明治四〇年渡欧）がヴィチェンツァ・オリンピコ劇場の壁画を写生したほか、のちに「キリシタン文化史的絵画」一四連作を描きあげる（「絵画表現」の項を参照）。寺崎は、一九〇七年から一六年まで、壁画研究のためイタリアへ渡航し、一九〇八年から一九〇九年のあいだは、ヴェネツィア商業学校（現在のカ・フォスカリ大学）日本語講座の教師を勤めてもいる。村上直次郎による史料採訪の意義の大きさは、現在においても強調しすぎることはないのだが、東京帝国大学における彼の講義を聞いていた学生が、大正年間になって渡欧の機会を得る。浜田耕作である。浜田『天正遣欧使節記』（一九三一年）自序によれば、昭和二年（一九二七）のヨーロッパ再訪の折に、『バルトリ』および『グアルティエーリ』の一部を入手している。後述するように、両書は村上直次郎の採訪に依拠する『大日本史料』にも収められているから、村上の渡欧時に把握されていたものを、浜田も入手したと理解するべきであろう。

このように、岩倉使節のヴェネツィア訪問にはじまり、明治終盤から昭和のはじめにかけて在欧調査が実施され、帰国後に公表された諸成果により、天正遣欧使節の研究は急速に深化する。原典史料の相次ぐ出版がその証左であることは言をまたない。

天正遣欧使節の基本史料

天正遣欧使節の関係文献の膨大さは、たとえば松田毅一、一九九九年所収の文献一覧を一瞥するだけでも容易に理解できる。使節伝説の最後として、また、より深く理解したい読者のために、ここでは彼らに関して近現代に出版された原典史料のうち、主要なものをいくつか解説、紹介することにしよう。

不朽の基本史料というべきものは、なにを措いても東京大学史料編纂所編『大日本史料』第一一編別巻之一〜二（一九五九〜六一年）（略称『大』①②）である。この史料集は、巻之一の例言にもあるとおり、ダニエルロ・バルトリ編『イエズス会史』（略称『バ』）および『グアルティエーリ』により使節行の概要をたどり、両書の欠を補うべく『フロイス』を引用し、『サンデ』は割愛している。これらの著作のほか、日欧に現存する個別古文書を加え、全体として約二〇〇件の関係史料の全文もしくは抜粋の翻刻および邦訳を収める。イタリアを中心とした在欧史料は、明治三二年（一八九九）以降の村上直次郎氏の採訪による。筆者の知る限り、今日においてさえ、総括的な在欧史料採訪としては同書を凌ぐものはおこなわれていないのみならず、現在、現地所蔵館の館員すら把握していない情報が少なくないことにも驚かされる。

『大日本史料』未収の古文書類をまとめたものとしては、結城了悟『新史料　天正少年使節』（一九九〇年）（略称『新』）がある。序で記されているように、同書刊行の目的は、『大日本史料』に収められていないイエズス会ローマ文書館（Archivum Romanum Societatis Iesu）の四部門に所蔵される古文書類を紹介することにあり、四五件の書簡の邦訳が掲げられる。これらの諸史料は、『バルトリ』『グアルティエーリ』および『フロイス』の原典だと考えられている。イエズス会ローマ文書館は、現在は一般に閲覧を認め、多くの史料集を出版しているが、二〇世紀前半までは所蔵史料を明らかにしていなかったため、『大日本史料』には収められていない。

使節行の復原に不可欠な、旅程の多くを網羅した記録のなかで、独自の情報を多く含み、かつ邦訳の単行本が出版されている文献が三つある。グイド・グアルティエーリの『日本遣欧使者記（*Relationi della Venvta degli Ambasciatori Giaponesi a Roma sino alla partita di Lisbona*）』（略称『グ』）は、医者であり南蛮文学作家としても知られる木下杢太郎の邦訳が、一九三三年に岩波書店から刊行されている。この邦訳作業は、同書がクラッセ『日本西教史』の天正遣欧使節部分の典拠になっていることが大きな動機だった。

ルイス・フロイス『九州三侯遣欧使節行記（*Tratado dos Embaixadores Iapões que forão de Iapão á Roma no anno de 1582*）』（略称『フ』）は、岡本良知が東洋堂から一九四二年に邦訳を刊行した。同書の序論によれば、この記録はトゥールーズのサルダ（Sarda）氏所蔵の資料（Apparatos）に収められているもので、メスキータらが旅行中に書きとめた記録や、日本人随行者コンスタンティノ・ドウラードが書きとめた記録に依拠している。

『天正遣欧使節記（*De Missione Legatorum Iaponensium ad Romanam curiam, rebusq; in Europa, actoto itinere animaduersis Dialogus*）』は、『デ・サンデ天正遣欧使節記』もしくは『遣欧使節対話録』（略称『サ』）などともいわれている。邦訳は、泉井久之助訳者代表により雄松堂書店から一九六九年に刊行されている。本書では、邦訳の書名との対応の便宜を考慮し、『サ』『サンデ』の略称のほか、『天正遣欧使節記』を使用する。また、イタリア語訳が近年刊行（Alessandro Valignano, *Dialogo sulla Missione degli Ambascia-*

tori Giapponsi alla Curia Romana, e sulle Cose Osservate in Europa e durante Tutto il Viaggio, a cura di Marisa di Russo.〈Firenze: Leo S. Olschki, 2016〉）され、『グアルティエーリ』からグリエルモ・ベルシェー、そして『大日本史料』にいたる関係文献の刊行状況（五四八～五五四頁）や、儀礼・贈答品・音楽・絵画などを通じた文化交流の側面を、本書とは異なる視覚から詳述している点は注目される（五六四～五九二頁）。書名にも使われているドゥアルテ・デ・サンデは著者ではなく、アレッサンドロ・ヴァリニャーノがスペイン語で記したものをラテン語に訳した人物だと考えられている。千々石ミゲルを主たる話者として、使節の他の三名にリノ、レオを混じえて対話形式で記されているため「対話録」とも呼ばれる。使節団の帰国直前に、マカオで出版されたキリシタン版の一例である。訳者デ・サンデをコンベルソ（ユダヤ教からの改宗キリスト教徒）とする岡美穂子氏の指摘（『キリシタンと出版』四三～四五頁）も、関係情報の流通を考える上で、今後意味を持ってくるかもしれない。

幻想と憧憬のインドを越えて　エピローグ

天正遣欧使節を扱う従来の著作の多くは、彼らの行程をたどり、時として戦国時代から織豊期、さらには江戸時代の政治状況を語り、ルネサンス期のイタリア芸術、政治環境などを理解の糧とする構成がとられてきた。筆者においても、それらを批判する意図はないし、類似の叙述を再生産することは不可能ではなかった。しかしながら、はたしてそれらが焦点を当てている、歴史に名だたる権力者にとって、使節団の存在はどの程度の存在感だったのかに思いを致す時、彼らをとらえる歴史観そのものを、もう少し違った角度から考えなおしてみることはできないだろうかと思い立ち、本書の構成を着想した。

人と人とが出会うとき、相手のことを知らないまま、突如として出会うことがある。情報化社会といわれ、インターネットなどを通じて海外どころか宇宙の情報ですら容易に入手できる現代においてはなおさらであろう。人びとは時として直接顔と顔を突き合わせることすらなく、意思を交換することも決して珍しい現象ではない。ところが、前近代はそのような時代ではなかった。世界を往来する交通路も決して確立されたものではなかったため、人びとや物資の往来も限定されたものに過ぎず、人づてに飛び交う情報の伝達速度や精度も、現代とは比較になるものではなかった。

本書では、天正遣欧使節を、交流の記録を残す、日本人による最初のヨーロッパ訪問と位置づけ、そこへ至る日欧双方のお互いに関する情報の蓄積から説き起こした。従来あまり意識されてこなかった第一章の背景こそが、日欧関係の大前提である。ポルトガル人の日本初来以降、両者は直接に出会うことになり、イエズス会が日本布教をおこなうようになると同時に、ヨーロッパを訪れる日本人が散見するようになる。アレッサンドロ・ヴァリニャーノが来日し、使節派遣を着想し、実行に移すことで使節行の条件が完備する。ここまでを第二章で扱った。天正遣欧使節以前に渡欧した日本人たちは、何を思い、どのように活動したのかを記録に残していない。天正遣欧使節は、日本人による最初のヨーロッパ訪問ではないが、記録を残している点に大きな意義がある。ヨーロッパを舞台に彼らが何を伝え、ヨーロッパの知識体系にどのような影響を与えたか、あるいは彼らが日本へ何を持ち帰ったのかを知ることができるからである。彼らの旅がどのようなものであったかは、すでに多くの先行文献で扱われてきたが、本書の脈絡においても重要であるから、第三章では旅を扱った。第四章では、使節団の滞在中にどのような情報が交換されたか、さらには帰国後、彼らの没後にすら、どのような痕跡を残したのかをまとめた。こうした構成が成功しているか否かは読者諸兄の判断に委ねるほかはない。唐突に発生し、いつしか消え去る印象であった彼らの使節行が、少しでも前後の歴史と有機的につながっているようにみえてくるのであれば、本書の意図は達せられたのであろう。

最後に一言を要したいことがある。インドについてである。インドの地域概念については別項に述べたので、ここでは再論しない。前近代の長いあいだ、知的な意味で日欧双方にとって最果ての地がインドであった。かつて、ヨーロッパからインドを超えて来日したザビエルが「天竺人」と呼ばれたように、インドを超えてヨーロッパの地を訪れた使節団が、時として「インド人」と呼ばれている。現代日本でも、欧米系の外国人はすべてアメリカ人と認識される場合があり、われわれがヨーロッパを旅をすると、しばしば中国人に誤認される現象は、この延長に位置づけられるのかもしれない。インドを超えた両地域の人びとが、相手からインド人と認識されているシンメトリーは、使節団の移動が相手国の知識体系の限界を突き崩す行為だったことを傍証する。ザビエルが唱えるデウスは、当初「大日」と理解され、使節団の渡欧はイザヤ書における未知なる人びとの到来と位置づけられる。天正遣欧使節の最大の意義は、日欧双方の知識体系の限界を超える挑戦だった点に求められるのではなかろうか。

あとがき

本書執筆のご依頼をいただいたのは、平成二四年（二〇一二）、オリンピック直前のロンドンに滞在中のことであった。それまで数年来にわたって天正遣欧使節の関係史料を探し歩き、いくつかの著作を公にした者として、いずれは取り組みたい、そしてどこかで出版のお話をいただけるかもしれないと期待をしていた仕事であり、即座に快諾の返信をした。

とはいえ、作業は遅々として進まなかった。天正遣欧使節という一般にも知名度が高く、かつ国内外を問わない膨大な情報群とどのように向き合えばよいかの方針が立たなかったのだ。イタリアを中心に多くの史料が現存しているばかりではなく、関係する出版物は枚挙にいとまがない。それらの内容を踏襲し、近年知りえた情報を追加するくらいを到達点に設定するのであれば、今日に至るほどの期間を必要とはしなかっただろう。しかし、碩学による出版も少なくなく、いまなお発見が相次ぐこのテーマで、そのような作業をすることに、はたしてどの程度の意味があるだろうか。さらには、その発信の場は、情報の膨大さが必然的に引き起こす複雑さを、能《あた》う限り削ぎ落とすことが求められる一般書なのである。脱稿への意欲とは裏腹に、ついには、次のオリンピックイヤーを経過してしまった。

天正遣欧使節を「数百年来の日欧における情報蓄積の歴史に浮かぶ浮島」と捉える全体構成や、ほんのりとちりばめられた先行研究への挑発的言辞が、どの程度成功したとみなされるか否かは定かではない。講義開講前の心持ちに似ている。それらがいずれの評価に落ち着くとしても、いまの筆者にとっては、構想の面でも、各論の精度の点でも、できる限りのことはやりつくしたという爽快感は確実に存在している。

このテーマを主要研究課題のひとつに選択し、本書を脱稿するまでは、特定の個人や研究会には収斂されない、数限りない出会いの連続であった。それは研究者同士であることも、旅先で出会った仲間であることもあり、国籍・信条、その他じつに多様な人びとであった。使節団の各人が四〇〇年以上前にはるかに強烈な衝撃をもって経験したであろうことと、本質的には類似する点があるかもしれない。彼らのすべてと、この機会を与えてくださった吉川弘文館の関係各位に衷心よりの謝意を申し述べる。

平成二九年八月

伊川健二

主要引用・参考文献（初出箇所のみ掲出した）

凡　例

グイド・グアルティエーリ著（木下杢太郎訳）『日本遣欧使者記』（岩波書店、一九三三年）

アレッサンドロ・ヴァリニャーノ著（ドゥアルテ・デ・サンデ、ラテン語訳、泉井久之助邦訳者代表）『デ・サンデ天正遣欧使節記』（雄松堂書店、一九六九年）

ルイス・フロイス著（岡本良知訳）『九州三侯遣欧使節行記』（東洋堂、一九四二年）

結城了悟『新史料　天正少年使節』（南窓社、一九九〇年）

東京大学史料編纂所編『大日本史料』第一一編別巻之一〜二（東京大学、一九五九〜六一年）

プロローグ

松永伍一『天正の虹』（講談社、一九七八年）

アレッサンドロ・ヴァリニャーノ著（松田毅一ほか訳）『日本巡察記』（平凡社東洋文庫、一九七三年）

Ｉ　知られざる日本、知られざるヨーロッパ

西方がみた日本、日本がみた西方

佐伯有清『魏志倭人伝を読む　上　―邪馬台国への道―』（歴史文化ライブラリー、吉川弘文館、二〇〇〇年）

ブズルク・ブン・シャフリヤール著（家島彦一訳）『インドの驚異譚』（平凡社東洋文庫、二〇一一年）

荻野三七彦「『波斯文』文書と勝月坊慶政」（日本古文書学会編『古文書研究』二一、一九八三年）
黒柳恒男「わが国に伝わるペルシア詩について」（蒲生禮一先生一〇回忌記念刊行会編『蒲生禮一先生記念論集』一九八七年）
高田英樹訳『マルコ・ポーロ／ルスティケッロ・ダ・ピーサ　世界の記―「東方見聞録」対校訳―』（名古屋大学出版会、二〇一三年）
岸野久『西欧人の日本発見―ザビエル来日前日本情報の研究―』（吉川弘文館、一九八九年）

具体化するヨーロッパにおけるインド・琉球・日本

Daniela de Palma, "Dal "Cipangu" al "Giappone": la transizione dalla cosmologia medieval alla cartografia moderna", in *Italia–Giappone 450 anni*, Tamburello, Adolfo ed. (Roma: Istituto Italiano per L'Africa e L'Oriente, 2003)
前田雅之「三国観」（小峯和明編『今昔物語集を読む』吉川弘文館、二〇〇八年）
京都国立博物館・高山寺・朝日新聞社『高山寺展』（一九八一年）
根占献一『イタリアルネサンスとアジア日本（ルネサンス叢書）』（知泉書館、二〇一七年）
中島楽章「ゴーレス再考」（『史淵』一五〇輯、九州大学大学院人文科学研究院、二〇一三年）
ジョアン・デ・バロス著（生田滋ほか訳注）『アジア史』二、大航海時代叢書　第Ⅱ期第三巻（岩波書店、一九八一年）
トメ・ピレス著（生田滋ほか訳注）『東方諸国記』大航海時代叢書　第Ⅰ期第五巻（岩波書店、一九六六年）
長南実訳『コロンブス、アメリゴ、ガマ、バルボア、マゼラン　航海の記録』大航海時代叢書　第Ⅰ期第一巻（岩波書店、一九六五年）

Álfredo Pinheiro Marques, A Cartografia Portuguesa do Japão (Séculos XVI-XVII) (Lisboa: Imprena Nacional-Casa da Moeda)

東アジア地域の胎動

「若狭国税所今富名領主代々次第」（塙保己一編『群書類従』巻五〇）
小葉田淳『中世南島通交貿易史の研究』（刀江書院、一九六八年）
池田榮史編『古代中世の境界領域—キカイガシマの世界—』（高志書院、二〇〇八年）
伊川健二「『南蛮』とは何か」（根本美恵子ほか編『日本ポルトガル協会会報　創立四〇周年特別号』日本ポルトガル協会、二〇一〇年）
山里純一『古代日本と南島の交流』（吉川弘文館、一九九九年）
檀上寛『元明時代の海禁と沿海地域社会に関する総合的研究』平成一五～一七年度文部科学省科学研究費補助金（基盤研究（C））研究成果報告書、二〇〇六年
伊川健二「環シナ海域と中近世の日本」（『日本史研究』五八三号、二〇一一年）

Ⅱ　遣欧使節構想の誕生

日欧邂逅の時代

伊川健二「ポルトガル人はなぜ種子島へ上陸したのか」（秋田茂・桃木至朗編『グローバルヒストリーと戦争』大阪大学出版会、二〇一六年）
リンスホーテン著（岩生成一ほか訳注）『東方案内記』（大航海時代叢書第Ⅰ期第八巻、岩波書店、一九六八年）

ジョルジェ・アルヴァレス書簡（岸野久『西欧人の日本発見―ザビエル来日前日本情報の研究―』吉川弘文館、一九八九年）
河野純徳訳『聖フランシスコ・ザビエル全書簡』一～四（平凡社東洋文庫、一九九四年）
「大内義隆記」（『群書類従』巻三九四）
一五六一年一〇月八日付アントニオ・デ・クワドロス宛コスメ・デ・トーレス書簡（村上直次郎訳『耶蘇会士日本通信（畿内編）』上（雄松堂書店、一九二七年）
一五七六年九月九日付ポルトガルのイエズス会イルマン宛フランシスコ・カブラル書簡（村上直次郎訳『耶蘇会士日本通信（豊後編）』下（雄松堂書店、一九六九年）

遣欧使節構想の変遷
Pasquale M.D'Elia 著（本田善一郎訳）「ローマを訪れた最初の日本人ベルナルド」（『キリシタン研究』五、吉川弘文館、一九五九年）
ルイス・フロイス著（松田毅一・川崎桃太訳）『完訳フロイス日本史』一～一二（中公文庫、中央公論新社、二〇〇〇年）
伊川健二『大航海時代の東アジア―日欧通交の歴史的前提―』（吉川弘文館、二〇〇七年）

天正遣欧使節の誕生
松田毅一「天正遣欧使節の真相―特に伊東満所に就いて―」（『史学雑誌』七四編―一〇号、一九六五年）
松田毅一『天正遣欧使節』（講談社学術文庫、一九九九年）
アレッサンドロ・ヴァリニャーノ著『弁駁書』（結城了悟『天正少年使節　史料と研究』純心女子短期大学

長崎地方文化史研究所、一九九三年、一八〇～一九六頁）
浜田耕作『天正遣欧使節記』（岩波書店、一九三一年）
橋口佐登司「天正遣欧少年使節─原マルチノのルーツを探る─（一～三）」（『大村史談』二四～二六、大村史談会、一九八三～八四年）
小佐々学「天正遣欧少年使節『中浦ジュリアン』の出自について」（『大村史談』三五、大村史談会、一九八九年）
伊川健二「天正遣欧使節の史料学」（『大村史談』五九、大村史談会、二〇〇八年）
岡本良知・チースリク・柳谷武夫訳「イエズス会本部所蔵日本人キリシタン書翰」（『キリシタン研究』六、吉川弘文館、一九六一年）
伊川健二「『ウルバーノ・モンテ年代記』にみる天正遣欧使節と織豊期の日本（一～二）」（『東京大学日本史学研究室紀要』一三～一四、二〇〇九～一〇年）

Ⅲ　天正遣欧使節の旅

ローマおよびイタリアの諸都市にて

若桑みどり『クアトロ・ラガッツィ─天正少年使節と世界帝国─』集英社、二〇〇三年）
Elettra Angelucci, "Giapponesi a Montefiascone nel 1585", in *Biblioteca e Società* 6（1984）
Adriana Boscaro, "Manoscritto inedito nella Biblioteca Marciana di Venezia relativo all'Ambasciata Giapponese del 1585" in *Il Giappone* 7（1967）
Costante Berselli, "PRINCIPI GIAPPONESI A MANTOVA NEL 1585", in *Civilta Mantova* 14（1968）

Rosolino Bellodi, *Il monastero di S. Benedetto in Polirone nella storia e nell'arte* (Mantova: Eredi Segna, 1905)

日本への長い帰路

安野眞幸『バテレン追放令―一六世紀の日欧対決―』（日本エディタースクール出版部、一九八九年）

Ⅳ　天正遣欧使節の知的遺産

ヨーロッパへの衝撃

Adriana Boscaro, "La visita a Venezia della Prima Ambasceria Giapponese in Europa" in *Il Giappone* 5 (1965)

Adriana Boscaro, *Sixteenth Century European Printed Works on the First Japanese Mission to Europe*-A Descriptive Bibliography-, (Brill, 1973)

木崎孝嘉「天正遣欧使節パンフレットに見るカトリック教会の宣教戦略」（『年報　地域文化研究』一三、二〇〇九年）

岡本良知『大分県地方史』一三～一六合併号（大分県地方史研究会、一九五八年）

伊川健二「ウルバーノ・モンテと天正遣欧使節」（『イタリア図書』四二、二〇一〇年）

長崎歴史文化博物館編『ローマを夢みた美少年―天正遣欧使節と天草四郎―』（長崎歴史文化博物館、二〇〇六年）

瀬谷愛「特別公開　新発見！　天正遣欧少年使節　伊東マンショの肖像」（東京国立博物館、二〇一六年）

寺崎裕則「ヴェネツィアを心の故郷にした日本近代絵画の先駆者―〝幻〟の画家　寺崎武男伝―」（『イタリア図書』五一、二〇一四年）

日本へ持ち帰られた情報

時慶記研究会翻刻・校訂『時慶記』一（本願寺出版社、二〇〇一年）
豊島正之編『キリシタンと出版』（八木書店、二〇一三年）

伝説となった遣欧使節

高瀬弘一郎訳『イエズス会と日本』一、大航海時代叢書　第Ⅱ期第六巻（岩波書店、一九八一年）
高祖敏明解説『イタリア語版　日本の殉教者一二〇人の記録』（雄松堂出版、二〇〇八年）
久米邦武編・田中彰校注『特命全権大使　米欧回覧実記』一〜五（岩波書店、一九七七〜一九八二年）
東京大学史料編纂所編『大日本史料』第一二編之一二（東京大学出版会、一九九六年覆刻）
Guglielmo Berchet, *Le Antiche Ambasciate Giapponesi in Italia* (Venezia, 1877)
Paride Lagotti, *L'Ambasciata Giapponese del MDLXXXV*, (Venezia, 1884)
Alessandro Valignano, *Dialogo sulla Missione degli Ambasciatori Giapponsi alla Curia Romana, e sulle Cose Osservate in Europa e durante Tutto il Viaggio*, a cura di Marisa di Russo, (Firenze: Leo S. Olschki, 2016)

著者略歴

一九七四年東京生まれ。二〇〇六年東京大学大学院人文社会系研究科博士課程修了。博士（文学）。大阪大学大学院文学研究科准教授、ロンドン大学東洋アフリカ研究学院客員研究員などを経て、
現在、早稲田大学文学学術院准教授

〔主要著書〕
『大航海時代の東アジア』（吉川弘文館、二〇〇七年）
Adolfo Tamburello, M. Antoni J. Üçerler, Marisa Di Russo, ed., *Alessandro Valignano S.I., Uomo del Rinascimento, ponte tra Oriente e Occidente* (Roma: Institutum Historicum Societatis Iesu, 2008)（共著）

世界史のなかの天正遣欧使節

二〇一七年（平成二十九）十月一日　第一刷発行

著　者　伊《い》川《がわ》健《けん》二《じ》
発行者　吉川道郎
発行所　株式会社　吉川弘文館
郵便番号一一三—〇〇三三
東京都文京区本郷七丁目二番八号
電話〇三—三八一三—九一五一〈代表〉
振替口座〇〇一〇〇—五—二四四番
http://www.yoshikawa-k.co.jp/

組版・製作＝本郷書房
印刷＝亜細亜印刷株式会社
製本＝株式会社　ブックアート
装幀＝古川文夫

ISBN978-4-642-08325-6

島原の乱とキリシタン（敗者の日本史）

五野井隆史著　四六判・二九六頁・原色口絵四頁／二六〇〇円

江戸幕府に一大衝撃を与えた百姓の蜂起、キリシタン一揆と喧伝された島原の乱。彼らはなぜ蜂起し敗れたか。島原・天草の宣教の実態や原城跡発掘成果から一揆の背景と経過をたどり、〝敗者〟キリシタンの実像に迫る。

カクレキリシタンの実像　日本人のキリスト教理解と受容

宮崎賢太郎著　四六判・二四六頁／二三〇〇円

弾圧に耐え信仰を守ってきたとされる〈隠れキリシタン〉が、大切に伝えてきたものはキリスト教ではなかった。オラショ（祈り）や諸行事に接し、彼らが本当に祈り続けてきたものを探り、日本民衆のキリスト教受容に迫る。

ザヴィエル（人物叢書）

吉田小五郎著　四六判／一六〇〇円

東洋伝道の使徒、わが国最初の布教者。その聖なる生涯を、苦難の伝道と偉大なる感化併せて描く。

支倉常長（人物叢書）

五野井隆史著　四六判／一九〇〇円

伊達政宗に見出だされ、慶長遣欧使節としてローマ教皇に謁見した仙台藩士の実像と、時代に迫る。

（価格は税別）

吉川弘文館